MW01705284

Ann Brashares

TROIS AMIES *pour* LA VIE

Traduit de l'américain
par Vanessa Rubio

GALLIMARD JEUNESSE

"Sisterhood of the Travelling Pants" est une marque déposée US
de 360 Youth, LLC dba Alloy Entertainment.
Tous droits réservés.

Cette traduction est publiée avec l'autorisation de Random House
Children's Books, une filiale de Random House, Inc.
Produit par Alloy Entertainment

Titre original : *3 Willows – The Sisterhood grows*
© Ann Brashares, 2009, pour le texte

© Gallimard Jeunesse, 2010, pour la traduction française

À Nancy Easton, avec toute mon affection et ma gratitude pour m'avoir soutenue au fil des enfants, des livres, des kilomètres.

Merci d'avoir écouté mes délires philosophiques sur les arbres.

Et à mon trio d'amour, Sam, Nate et Susannah.

Je remercie à nouveau la fidèle équipe du jean magique :
Jennifer Rudolph Walsh, Beverly Horowitz et Wendy Loggia.

Ainsi que mes merveilleux collègues et amis de Random House Children's Books : Chip Gibson, Joan DeMayo, Marci Senders, Isabel Warren-Lynch, Noreen Marchisi, Judith Haut, John Adamo, Rachel Feld et Tim Terhune.

Et comme toujours, je tiens à remercier tendrement mon mari, Jacob Collins, mes enfants, Sam, Nate et Susannah, et mes parents, Jane et Bill Brashares.

« Le plus timide bourgeon est la preuve
qu'il n'y a pas de mort réelle. »

Walt Whitman, *Song of Myself*
traduction de Jacques Darras

Les racines du saule
font preuve d'une force
et d'une ténacité hors
du commun.

CHAPITRE 1

Le dernier jour de l'année scolaire, il n'y avait classe que le matin. Le lendemain, tous les élèves de troisième s'entasseraient avec leurs parents dans le gymnase pour la cérémonie de remise des diplômes, qui durerait une demi-heure à peine. La prochaine fois qu'Ama prendrait son sac de cours, ce serait pour se rendre au lycée.

« Tout change », pensa-t-elle.

En principe, elle rentrait en bus, mais aujourd'hui elle avait envie de marcher. Elle n'était pas du genre mélancolique, plutôt déterminée et tournée vers l'avenir, comme sa sœur aînée. Mais il était encore tôt, et elle ne traînait pas son habituelle cargaison de livres, classeurs et cahiers. Aujourd'hui, elle avait envie de refaire le trajet qu'elle empruntait si souvent autrefois, à l'époque où elle n'était jamais pressée.

En chemin, ses pensées la menèrent tout naturellement à Jo et à Polly, aussi lorsqu'elle les aperçut juste devant elle, qui attendaient pour traverser la nationale, elle eut l'impression qu'elles avaient surgi de sa mémoire.

Elle était surprise de les voir côte à côte. De loin, elles

semblaient marcher à la même allure, parfaitement en rythme, c'était frappant. Pourtant, elles n'avaient pas dû quitter le collège ensemble. Ces temps-ci, Jo sortait généralement de cours en compagnie de sa petite bande pour prendre un café dans le coin. Polly rentrait seule, elle rangeait ses affaires tranquillement et faisait souvent un petit crochet par la bibliothèque. Ama la croisait parfois, elles s'asseyaient à la même table, comme avant, mais contrairement à elle, Polly n'était pas là pour faire ses devoirs. Elle lisait tout ce qui lui tombait sous la main, excepté ce que les profs conseillaient.

En approchant, Ama constata à quel point Jo avait changé depuis l'école élémentaire. Elle n'avait plus d'appareil dentaire, plus de lunettes et suivait la tendance avec dévotion – en ce moment, la mode était aux minijupes écossaises et aux tresses. À l'inverse, avec son bermuda en jean effiloché et sa casquette noire, Polly n'avait pas bougé.

Ce fut elle qui la vit en premier.

– Hé ho, Ama !

Le petit bonhomme vert venait de s'allumer. Elle pressa le pas pour les rejoindre.

– C'est incroyable qu'on se retrouve ici ! s'exclama Polly en les regardant tour à tour. Un moment historique !

– Ama est obligée de passer par là pour rentrer chez elle, fit remarquer Jo, peu impressionnée par le caractère exceptionnel de la situation.

Ama la comprenait. Leur amitié dormait comme l'eau d'une mare sous une couche de glace bien lisse qu'elle n'avait aucune envie de briser.

Tout en marchant, elles discutèrent des examens, de leurs projets d'avenir. Personne ne fit de commentaire lorsqu'elles passèrent devant le drugstore puis approchèrent de l'endroit où elles bifurquaient autrefois.

« Et si on tournait ? » se dit soudain Ama. Et si elles descendaient la colline, traversaient le terrain de jeux et s'enfonçaient dans les bois pour voir les petits arbres qu'elles avaient plantés il y a si longtemps ? Et si elles se donnaient la main pour courir, courir le plus vite possible ?

Mais elles poursuivirent leur chemin, regardant droit devant elles. Seule Polly jeta un coup d'œil en arrière.

De toute façon, même si elles avaient tourné, ça n'aurait plus été pareil, Ama le savait. Le tourniquet grinçant était sans doute rouillé, la balançoire laissée à l'abandon. Les arbres n'étaient peut-être même plus là. Cela faisait si longtemps qu'elles ne s'en occupaient plus.

Ama se revit petite, en train de dévaler la colline avec ses deux meilleures amies, ivre de joie, riant aux éclats.

Ce n'était plus pareil. Les gens changent, les lieux aussi. Elles allaient entrer au lycée. Ce n'était pas le moment de regarder en arrière. Ama ne se rappelait même plus à quoi ressemblaient leurs arbres. Elle avait oublié comment s'appelait la colline.

Polly

Quand je pense au jour où nous sommes devenues amies, je nous revois en train de traverser la nationale, nos cartables sur le dos et nos pots de fleur à la main. Je revois le moment où Jo a fait tomber le sien au milieu de la chaussée et où on s'est arrêtées net. Je revois même la petite pousse renversée, les racines à l'air, la terre éparpillée sur le goudron. Je me souviens qu'on s'est penchées toutes les trois pour vite remettre la plante dans son pot, tenter d'enfouir les racines dans la terre tandis que le petit bonhomme passait au rouge. Je me rappelle qu'Ama nous a crié de nous dépêcher et que, par-dessus mon épaule, j'ai vu les voitures foncer sur nous. J'ai encore les phalanges qui me brûlent de m'être râpé les doigts en raclant la terre. Je crois que c'est Jo qui m'a tirée par le bras sur le trottoir. J'entends encore les Klaxon mugir à mes oreilles.

Ama

Nous nous sommes connues le jour de la rentrée. Sur les cent trente-deux élèves de CE2, nous étions les seules dont les parents n'étaient pas à la sortie de l'école. J'étais très inquiète : jamais au grand jamais ma mère n'avait oublié de venir me chercher. Elle n'avait même pas été en retard une seule fois de toute ma scolarité.

Au début, on ne se parlait pas. J'avais honte, j'avais peur et j'essayais de le cacher. Ils nous ont mises dans la salle de soutien de maths. On regardait à travers la paroi vitrée comme des animaux en cage, en attendant nos parents.

Ce jour-là, la maîtresse nous avait donné de petits plants de saule. On était censés s'en occuper et observer leur croissance pendant toute l'année. Je nous revois assises à un grand bureau, avec nos pots devant nous.

Polly n'arrêtait pas de toucher la terre pour vérifier qu'elle n'était pas trop sèche. Elle fredonnait.

Jo avait posé ses pieds sur le bureau, les mains derrière la tête, en pariant que sa plante ne passerait pas la semaine.

Je n'en revenais pas. Elles n'avaient pas l'air inquiètes que leurs parents ne soient pas là. Moi, j'étais complètement paniquée, mais j'ai appris plus tard que ma mère avait une bonne excuse.

Jo

Je crois que c'est moi qui ai eu l'idée. J'ai proposé qu'on s'enfuie de l'école ensemble. On attendait nos parents depuis plus d'une heure, on s'ennuyait, on mourait de faim. Surtout moi. Au bout d'un moment, ils nous ont fait asseoir dans le couloir devant le bureau du directeur, comme si on était punies. Mlle Lorenz, sa secrétaire, essayait désespérément de joindre nos parents tandis que tous les instituteurs rentraient chez eux, un à un.

Comme Ama avait envie d'aller aux toilettes, on l'a accompagnée. On en a profité pour faire un petit tour dans les classes vides, grimper sur les tables de la cantine… C'était rigolo de se retrouver dans une école déserte, avec toutes les lumières éteintes. En passant devant la porte de derrière, je leur ai lancé :

– Même pas cap' de sortir par là.

Mais à ma grande surprise, elles ont relevé le défi. Et on s'est retrouvées dehors sans l'avoir vraiment voulu. On ne pouvait plus retourner à l'intérieur. La liberté est une voie à sens unique et on s'y était déjà engagées.

– Allons-y ! ai-je lancé.

Il faisait beau et je connaissais le chemin de la maison.

Ama hésitait.

– On va te raccompagner chez toi, a promis Polly.

Nous avons couru jusqu'au drugstore en passant par les petites rues. Grâce au billet de vingt dollars de secours que j'avais dans mon cartable, on a pu se gaver de sodas, de chips et de biscuits. Puis il s'est mis à pleuvoir à verse, alors on est restées derrière la vitrine à regarder la buée monter du parking et le ciel devenir noir comme la nuit. On voulait jouer à Dragon Master, *le vieux jeu vidéo, mais la fente était bouchée par un carton* « Hors service ».

Quand on est reparties, il faisait plus frais, le ciel était dégagé. On a traversé la nationale en courant. On avait nos pots à la main parce qu'une plante, c'est pas facile à fourrer dans un cartable. Ma petite pousse tanguait à chacun de mes pas. On a failli mourir écrasées parce que je l'ai fait tomber au milieu de la chaussée.

Nous avons d'abord raccompagné Ama jusqu'à la porte de son appartement. Son père était en train d'appeler l'école, complètement paniqué. C'est là que nous avons appris la nouvelle : son petit frère, Bob, était né dans l'après-midi.

Puis je suis repartie avec Polly, qui marchait de son pas sautillant. Je l'ai déposée chez elle. Sa mère n'était pas là, mais elle a dit que ça ne faisait rien. Que Dia perdait toujours la notion du temps quand elle travaillait dans son atelier. J'ai découvert ses sculptures, sur la véranda : de grands arbres nus, assemblage de montres cassées et de vieux téléphones portables. Nous avons fait le tour de la maison. Polly a poussé une fenêtre entrouverte et s'est faufilée à l'intérieur, comme s'il n'y avait rien de plus normal.

– C'est la première fois qu'une amie me raccompagne chez moi, m'a-t-elle dit par la fenêtre.

Polly

Il y a des moments dans la vie où tout bouge, tout change. Les grands bouleversements ne se produisent pas toujours par étapes, parfois tout change d'un seul coup. C'est ce qui nous est arrivé. Ce jour-là, nous avons découvert que les amis peuvent vous apporter des choses dont les parents ne sont pas capables.

En rentrant de chez Grace, deux jours plus tard, Ama bouillait d'impatience. Son père l'avait appelée sur son portable : sa lettre était enfin arrivée. Il lui avait proposé de venir la chercher avec son taxi, mais elle avait préféré prendre le bus. Non qu'elle ait honte de sa profession. Pas du tout. Mais elle était gênée que les passants les hèlent sur leur passage. Elle aurait aimé pouvoir être tranquille dans sa voiture, comme tout le monde, sans avoir l'impression d'être à vendre. En plus, comme son père était la gentillesse incarnée, s'il voyait une personne âgée ou handicapée sur le trottoir, il s'arrêtait même lorsqu'il n'était pas en service, et parfois il ne faisait pas payer la course.

Pour la plus grande joie de ses parents, Ama avait gagné une bourse de la fondation des Étudiants méritants, ce qui signifiait qu'on lui offrait un stage d'été, tous frais payés, y compris le transport. C'était un très grand honneur. Il n'y avait que deux cents heureux élus à travers le pays et, dans son collège, depuis sa grande sœur, personne d'autre n'avait obtenu cette bourse. (Esi l'avait eue quatre années de suite.)

Maintenant restait à savoir le programme qu'on lui avait attribué. En premier choix, elle avait mis le stage de révision de l'université d'Andover où s'était inscrite son amie Grace. C'était très prisé, elle n'était pas sûre d'être retenue. Sinon, elle aurait aimé travailler comme bénévole dans les bureaux d'une association humanitaire en Virginie. Ça ferait bien sur son CV – tout du moins selon sa sœur. En troisième position, elle avait mis le camp d'été de l'université Johns-Hopkins à Baltimore.

Lorsqu'elle arriva à la maison, Bob l'attendait dans l'entrée, une grosse enveloppe à la main. Leurs parents les rejoignirent.

– À mon avis, ce sera Hopkins, affirma sa mère.

Parfois, Ama était un peu gênée que ses parents et même son petit frère de cinq ans s'impliquent autant dans ses études. Jo répétait à qui voulait l'entendre que sa mère ne connaissait pas le nom de son prof principal et que son père ignorait en quelle classe elle était. « Parce que c'est une famille aisée, Ama, lui avait un jour dit sa mère. Pour eux, ce n'est pas aussi important. »

– Moi, je penche pour l'association humanitaire, déclara son père.

– Je peux l'ouvrir ? demanda Bob.

– Non, je t'ai dit que c'était à Ama de le faire, répliqua sa mère.

Ama sourit à son frère. Il adorait ouvrir le courrier, alors qu'il n'en recevait presque jamais.

– Vas-y, Bob, mais ne la déchire pas.

Le petit garçon acquiesça, très sérieux. Il décolla l'enveloppe avec précaution, puis lui tendit son contenu, page par page. Le cœur battant, Ama chercha des yeux le passage qui l'intéressait.

Elle examina le premier feuillet, puis le deuxième et enfin le dernier.

– Alors ? s'enquit sa mère.

– Je ne trouve pas. Je crois que c'est…

Elle retourna la page.

– Je… je ne comprends pas. C'est écrit « Aventure Nature ».

Elle parcourut en vain le courrier à la recherche des mots « Andover » ou « Hopkins ».

Sa mère fronça les sourcils.

– Fais voir.

– C'est un organisme qui propose des randonnées dans les parcs nationaux.

Ama revint à la première page.

– Ils ont dû se tromper, je n'ai jamais demandé ça.

– Aventure Nature ? répéta son père.

– C'est une erreur. Attends.

Elle vérifia que le courrier n'était pas adressé à quelqu'un d'autre. Non, il portait bien son nom et son adresse.

Bob continuait à sortir des documents de l'enveloppe. L'un d'eux tomba par terre. Sa mère le ramassa.

– C'est un billet d'avion, s'étonna-t-elle. Pour Jackson, dans le Wyoming.

– Un billet d'avion ?

– Et ça, c'est des sous ! s'exclama Bob, tout content, en agitant un bout de papier.

– Donne, fit Ama.

Effectivement, c'était un chèque de deux cent quatre-vingt-huit dollars. Pour « frais d'équipement », précisait le talon. La fondation des Étudiants méritants l'avait libellé à son ordre.

– Ils m'envoient de l'argent alors que je n'ai même pas de compte en banque.

– Montre-moi, dit son père.

– Je peux avoir un dollar ? demanda Bob.

– Non. Attendez. Une minute.

Ama était dépassée par les événements, ce qu'elle détestait plus que tout. Elle rassembla les documents, les mit en ordre, puis les lut avec attention, passant ensuite chaque page à son père. Yosemite, Wind Cave, les Badlands, parc national de Grand-Teton… Hein ? Qu'est-ce que c'était que ça ?

Bob était en train de triturer un trombone tombé de l'enveloppe.

– Ils ont dû se tromper, conclut Ama. Ils m'ont attribué une bourse pour faire une randonnée dans les grands parcs.

Elle regarda ses parents, secouant la tête comme s'ils lui avaient envoyé par erreur une boule puante.

– Ça ne va pas du tout. Il n'est pas question que je parte crapahuter en pleine nature.

Ama

Nos plants de saule ont survécu au CE2. Même celui de Jo. Elle faisait genre « je ne vais pas perdre mon temps à arroser ce machin », mais je suis sûre qu'elle s'en occupait. J'ai passé beaucoup de temps chez elle avec Polly cette année-là – même si mes parents voyaient d'un mauvais œil que j'aille chez des amies alors que j'avais des devoirs, parce qu'Esi ne les avait pas habitués à ça. Enfin bref, je savais que Jo lui jouait du violon et qu'elle lui mettait même de l'engrais.

Les maigres pousses se sont transformées comme par magie en arbustes. Les racines ont poussé, se sont entortillées. Nos saules n'avaient plus assez de place, nous avons dû les rempoter. Il fallait les arroser tous les jours.

Le dernier jour d'école, Polly a proposé qu'on les replante en pleine nature. Elle avait trouvé l'endroit idéal, un petit bois au bord d'un ruisseau, derrière le terrain de jeux, au bout de ma rue. C'était le petit bois au pied de Pony Hill, la meilleure descente de luge du coin, où on jouait sans arrêt. Nous avons planté nos arbres dans une clairière, côte à côte, en laissant assez d'espace pour que leurs racines puissent se déployer. On avait oublié d'apporter une pelle, alors on a dû creuser à la main. On a essayé d'ôter les cailloux sans trop déranger les vers de terre – Polly disait qu'ils seraient utiles à nos arbres. On a déroulé les racines avec précaution. Elles faisaient des nœuds, comme mes cheveux. Puis on les a enfoncées dans le sol.

Ça nous a fait drôle d'arracher nos arbres au petit pot

qui constituait tout leur univers jusque-là pour les planter dans la terre – les relier à la Terre avec un grand T. Ils avaient l'air si frêles et vulnérables que nous avons eu du mal à les laisser. Jo était au bord des larmes quand nous sommes parties.

Durant l'été, on leur a souvent rendu visite. Jo apportait son violon et sa bouteille d'engrais. Et en CM1, on se retrouvait là-bas pratiquement tous les soirs après l'école. On passait s'acheter des provisions au drugstore et on faisait un petit coucou à nos arbres avant de rentrer chez nous.

CHAPITRE 2

Polly

Jo jouait vraiment bien du violon, à l'époque. Elle répétait avec son père, qui en faisait aussi, mais elle l'a vite surpassé. Il était très fier d'elle, il disait qu'elle pourrait devenir professionnelle si elle travaillait dur.

Il suffisait qu'un tube passe à la radio pour qu'elle sache le jouer au violon. Même le rap, c'était trop drôle ! Elle retrouvait les notes de n'importe quel morceau. Et elle jouait si fort qu'elle nous vrillait les tympans.

Jo

Quand on était en CM1, la mère de Polly s'est fait tatouer une toile d'araignée autour du nombril. Je trouvais ça super cool. J'aurais adoré avoir une mère comme Dia.

Mais ce soir-là, Polly a dormi chez moi et je l'ai entendue pleurer dans son oreiller. À cause du tatouage. Sur le coup, sa réaction m'a surprise, mais maintenant, je crois que je comprends.

Jo jeta son sac sur le tas d'affaires qu'elle avait empilées dans l'entrée. Les valises de sa mère étaient sagement alignées dans un coin, avec deux chapeaux de soleil bien à plat par-dessus et plusieurs boîtes à chaussures à côté. Tout devait être prêt car, le lendemain, elles partaient passer l'été à la mer.

Sa mère vint jeter un coup d'œil.

– Jo, qu'est-ce que c'est que ce bazar ? Range-moi ça. Et tu tiens vraiment à emporter ton skateboard ?

– C'est pas du bazar, ce sont mes bagages. De toute façon, on va tout entasser dans la voiture.

Mais sa mère ne supportait pas le désordre. Pas même un flou temporaire, inévitable lors d'un départ en vacances ou d'un déménagement.

– Où sont les affaires de papa ? Ses clubs de golf et le reste ?

Sa mère prit son chapeau de paille sur sa valise et entreprit de lui redonner sa forme.

– Maman ?

– Il les apportera quand il nous rejoindra, je suppose.

– Comment ça ? Je croyais qu'il partait avec nous.

Sa mère reposa le chapeau pour la regarder.

– Eh bien, non.

– Pourquoi ? Il est de garde ?

– Oui.

– Tout l'été ?

– Jo, s'il te plaît.

Sa mère ne souhaitait visiblement pas s'appesantir sur le sujet, ce qui motiva Jo pour insister :

– Il vient quand, alors ?

– Tu n'as qu'à lui poser la question.

– Pourquoi ? Vous ne vous parlez plus ?

Sa mère détourna les yeux encore plus vite que Jo ne l'aurait imaginé. Son ton devint grave.

– Tu devrais en discuter avec ton père.

Jo essaya de se souvenir quand sa mère avait commencé à l'appeler « ton père », au lieu de « papa ».

– Franchement, je pense que tu devrais l'appeler avant qu'on parte. Lui demander ce qu'il compte faire.

Jo avait envie de crier : « Qu'est-ce que tu racontes ? Qu'est-ce que tu essaies de me dire ? », mais elle se tut. Il s'agissait encore sûrement d'un des délires de sa mère. Après tout, avait-elle réellement envie de savoir ce qu'il en était ?

– Je verrai ça avec lui quand il nous rejoindra, répliqua-t-elle d'un ton léger en tournant les talons pour monter au premier. J'ai tout l'été devant moi !

Jo

Esi, la sœur d'Ama, a été reçue à Princeton, quand on était en CM1, et elle est partie là-bas l'année suivante. C'était pour ça que les Botsio avaient quitté le Ghana et s'étaient installés aux États-Unis. Ils voulaient qu'Esi puisse étudier dans une université prestigieuse sans être trop loin d'elle. Pour eux, c'était une véritable consécration, ils ont organisé une grande fête. La mère d'Ama est un vrai cordon-bleu. Je le sais parce qu'en CM2, je dînais pratiquement tous les soirs chez eux, et même quelquefois en sixième. Mon père travaillait beaucoup à l'époque et ma mère n'avait pas le cœur à cuisiner.

Esi est entrée à l'université à seize ans, elle avait sauté deux classes. On aurait pu penser que, du coup, Ama aurait eu un peu moins de pression, sa sœur ayant bien réussi, mais c'était encore pire.

Polly

Le grand frère de Jo s'appelait Finn. Il avait les cheveux ondulés et des yeux turquoise. Il a voulu nous apprendre à faire du skate, mais il est mort pendant l'été, juste avant le CM2. Lui, il allait entrer en quatrième.

Il avait un problème cardiaque. Il s'était évanoui deux fois, déjà. Une fois à dix ans, et l'autre quand il était en sixième, l'année où Jo, Ama et moi, on s'est connues. Il est allé à l'hôpital, ils lui ont fait quelques examens sans trouver ce qui clochait. Ça ne paraissait pas très grave, à l'époque.

J'ai un souvenir très flou de la semaine où il est mort, en revanche, je me rappelle parfaitement l'enterrement. Jo est partie avant la fin. Elle devait jeter une pelletée de terre sur le cercueil mais lorsque ses parents lui ont tendu la pelle, elle l'a posée et a tourné les talons. Ama et moi, on l'a suivie. On s'est assises sur le capot de la voiture de son oncle dans le parking et on a lancé des petits cailloux sur un panneau de signalisation; j'entends encore le clink-clink métallique.

C'est une chance qu'on ait été dans la même classe cette année-là, parce qu'Ama et moi, on a pu l'entourer. Elle ne voulait pas en parler, on ne lui posait pas de questions. Il n'y avait que nous, ses amies, pour la comprendre. On a dressé un mur autour d'elle. Elle avait besoin qu'on la protège.

Comme on connaissait l'ambiance qui régnait chez

elle, on passait nos soirées et nos week-ends chez Ama – pourtant ses parents étaient sans arrêt sur notre dos pour les devoirs. Je n'ai jamais eu d'aussi bonnes notes qu'en CM2.

Ama nous a promis de ne pas sauter de classe pour ne pas être séparée de nous.

Jo a arrêté le violon, elle trouvait ça trop bruyant.

Deux ou trois fois par an, Polly rendait visite à son vieil oncle Hoppy à la maison de retraite, pas très loin de chez elle. Parfois, quand il était en forme, ils allaient manger une soupe au petit restaurant chinois d'à côté.

Si ça se trouve, Hoppy n'était même pas son oncle. Elle n'était pas très sûre de leur lien de parenté. En tout cas, c'était un membre de la famille de son père – elle tenait donc à rester en contact avec lui. Peu lui importait qu'il soit son arrière-grand-oncle ou son cousin au énième degré. Il restait assez flou sur l'arbre généalogique et Polly n'avait pas envie de creuser la question. Elle était trop contente d'avoir de la famille.

Voilà pourquoi, au moment où les autres étaient en train de boucler leurs valises pour partir en colo ou à la mer, Polly se retrouvait assise sur la banquette rouge et poisseuse d'un petit resto minable, face à un vieil homme aux oreilles pleines de poils.

Quand on leur apporta leurs deux bols de potage poulet-vermicelle, Polly prit sa cuillère.

– Beurk, elle est sale.

– Quoi ? fit Hoppy en se penchant vers elle, sourcils froncés.

– Non, rien, ma cuillère est mal lavée, répéta-t-elle d'un ton léger.

Elle ne voulait pas parler trop fort pour ne pas vexer les serveurs.

– Ta cuillère ? aboya-t-il. Qu'est-ce qu'elle a, ta cuillère ? Il t'en faut une autre ?

Polly la reposa.

– Non, ça va.

Visiblement, ses poils lui bouchaient quelque peu les oreilles.

– Comment va ta mère ?

– Très bien, merci.

– Elle fait toujours ses... ?

Oncle Hoppy pencha la tête sur le côté à la manière d'un labrador.

– ... comment on appelle ça ?

– Ses sculptures ? proposa-t-elle.

Il mit sa main en cornet.

– Comment ?

– Des sculptures ! Oui, oui, elle en fait toujours.

Polly hocha vigoureusement la tête pour appuyer sa réponse.

– Un beau brin de fille, ta mère, affirma-t-il.

Dia avait les cheveux noir corbeau, hérissés sur la tête, et un piercing dans le nez. Cependant, Polly n'osa pas le contredire.

– Toi aussi, poursuivit-il en la jaugeant, les yeux mi-clos, tu es une très jolie fille.

– Merci, fit-elle.

Elle n'avait cependant pas grande foi en son jugement, vu le mal qu'il avait eu à déchiffrer le menu.

– Très, très jolie. Tu pourrais être mannequin.

Elle se mit à rire.

– Tu crois ?

– Oui, ta grand-mère était mannequin, tu sais.

Il acquiesça, plongé dans ses souvenirs.

– Une femme superbe.

Polly faillit s'étrangler avec sa soupe.

– Ma grand-mère ?

Certains mots anodins pour la plupart des gens la faisaient sursauter. Elle n'avait jamais eu de grand-mère. Dia n'avait pas adressé la parole à sa mère depuis qu'elle était partie de chez ses parents à l'âge de dix-sept ans. « Je ne sais même pas si elle est encore en vie et je m'en fiche », voilà tout ce qu'elle lui avait dit. Et Polly n'avait jamais entendu parler de la mère de son père. Elle avait même oublié qu'elle avait forcément une grand-mère paternelle.

– Une belle plante, vraiment.

Il haussa les sourcils de manière suggestive. Heureusement, il était trop vieux pour que ce soit choquant.

– Elle ressemblait à Sophia Loren. Mais tu ne sais sans doute pas qui c'est.

– Si ! répliqua Polly avec une certaine fierté.

Elle s'y connaissait en stars, surtout les actrices de cinéma glamour d'autrefois. Elle n'en revenait pas. Elle avait toujours trouvé, sans oser se l'avouer, qu'elle avait un faux air de Sophia Loren. Et un petit quelque chose de Penélope Cruz.

– Tu ressembles à ta grand-mère, affirma Hoppy. Un vrai mannequin.

Polly était stupéfaite. Quel dommage que l'ouïe de son oncle soit si mauvaise.

– Tu veux dire que c'était son métier ? Elle posait pour les magazines ? s'enquit-elle en criant presque.

– Quoi ?

– Elle était dans les MAGAZINES ? Tu as des PHOTOS d'elle ?

Hoppy reposa brutalement son bol dans son assiette.

– Oui, dans tous les magazines. On la voyait partout.

– C'est vrai ? Tu as des photos d'elle ?

– Moi ? Non, je ne crois pas. C'était il y a si longtemps.

Polly hocha la tête, le cœur battant. Son imagination s'emballait. Elle avait une grand-mère et cette grand-mère avait été mannequin. Elle avait une grand-mère qui était belle et ressemblait à Sophia Loren !

Elle regarda avec un certain détachement, comme si elle flottait dans les airs, son oncle se débattre avec l'addition et ses différents moyens de paiement. Finalement, il semblait avoir de telles difficultés qu'elle dut redescendre sur terre et régler elle-même la note avec son billet de dix dollars.

Elle raccompagna Hoppy à la maison de retraite d'un pas sautillant. Elle savait qu'avec le grondement des voitures sur Wisconsin Avenue, il n'entendrait rien, aussi n'essaya-t-elle pas de parler.

D'un côté, elle brûlait d'envie de lui demander si sa grand-mère était encore de ce monde, ce qu'elle avait fait de sa vie, comment elle s'appelait. Et, de l'autre, elle préférait se contenter de fantasmer en silence.

Elle craignait que ce rêve chatoyant ne s'évapore brusquement, si elle essayait de le saisir, et ne la laisse plantée là, les mains vides, comme avant.

Lorsque Ama réussit enfin à la joindre, Mme Sherman, assistante de direction à la fondation des Étudiants méritants, se montra d'une patience angélique. Presque trop.

– Ama, comme je viens de vous l'expliquer, il n'y a pas d'erreur dans votre affectation. Il s'agit d'un excellent programme, c'est même l'un des meilleurs que nous proposons.

– Pas pour moi, répliqua Ama. Je n'aime pas la nature. Ni l'aventure. Je préfère... rester à l'intérieur. Je ne veux pas... franchement, ce n'est pas du tout ce que j'espérais.

Mme Sherman soupira pour la quarante-cinquième fois au moins.

– Ama, on ne peut pas satisfaire tout le monde. Les membres du comité de placement étudient longuement les dossiers avant de décider ce qui conviendra le mieux à chacun de nos boursiers.

– Mais ça ne me convient pas du tout ! Ce n'est absolument pas mon genre. Tous les gens qui me connaissent pourraient vous l'assurer.

– Faites preuve d'un peu plus d'ouverture d'esprit. J'espère que vous réalisez que c'est une opportunité exceptionnelle !

Mais Ama ne pouvait pas se montrer plus ouverte d'esprit. Elle n'était pas ouverte d'esprit. D'ailleurs, elle n'avait aucune envie de l'être. Elle voulait aller à Andover. Elle voulait passer l'été au milieu des livres, dans le silence feutré d'une bibliothèque où elle était sûre d'obtenir de bonnes notes. Elle voulait des A, des félicitations, des points en plus !

– J'ai besoin d'obtenir des points supplémentaires, affirma-t-elle. Pour entrer à la fac.

– Oh, mais justement ! s'écria victorieusement Mme Sherman. Ce programme permet d'obtenir des points. Relisez la description, vous verrez.

Au bout du fil, Ama se ratatina. Elle détestait avoir tort et encore plus être prise en défaut par manque de préparation.

– Ah, oui ? répondit-elle platement.

– Ama, reprit la secrétaire, ce n'est pas ce que vous aviez choisi, je sais, mais c'est un programme fantastique. L'un de nos meilleurs. Vous ne le réalisez sans doute pas, mais vous avez énormément de chance de...

Ama ne l'écoutait plus. Elle attendit qu'elle ait fini son petit discours pour demander :

– Pensez-vous cependant que je pourrais changer pour raisons personnelles ?

– Uniquement en cas de contre-indication médicale. Mais vous pouvez très bien refuser la bourse.

Oh, non, impossible ! C'était une récompense reconnue qui apparaîtrait dans son dossier scolaire. Qui compterait pour son entrée à l'université. Et de toute façon, ses parents ne la laisseraient pas faire.

– Avez-vous une dispense médicale ? demanda Mme Sherman.

« J'ai le vertige. Je ne supporte pas les bestioles. Je ne peux pas vivre sans mon fer à lisser et mon sérum anti-frisottis. » Est-ce que ça comptait ?

– Je ne sais pas, avoua-t-elle, vaincue. Je vais réfléchir.

Elle s'efforça de la remercier et de la saluer poliment, puis raccrocha le téléphone avant d'aller trouver sa mère.

– D'après la secrétaire de la fondation, ce n'est pas une erreur.

– Je sais que tu es très déçue, ma chérie.

Ama baissa les yeux vers le chèque qu'elle avait posé sur le dessus de la pile. Jamais elle n'avait eu une telle somme entre les mains. Elle parcourut d'un œil triste la longue liste de matériel. C'était rageant de se dire qu'elle allait dépenser tout ça pour acheter des chaussures de marche, un sac de couchage, un caleçon en laine et ce qu'ils appelaient un « mousqueton ».

« Je ne veux pas y aller. Je ne veux pas y aller. Je ne veux pas y aller », se répétait-elle. Tout haut, elle déclara :

– J'imagine que je n'ai pas le choix. Je vais être obligée d'y aller.

Et elle regarda sa mère avec l'espoir fou qu'elle allait s'y opposer, décrocher le téléphone et exiger un changement d'affectation.

Mais elle n'en fit rien. Ses parents avaient confiance dans le système. Cela avait réussi à Esi, ce serait pareil pour Ama.

– Tu es une bonne fille.

Elle hocha la tête, sans savoir si elle devait se sentir flattée ou vexée, comme chaque fois qu'on lui faisait ce genre de compliment.

CHAPITRE 3

Ama

Nous avons entendu parler des quatre filles en sixième. Vous ne connaissez peut-être pas mais, dans le coin, c'est une véritable légende. En fait, il s'agit de quatre élèves de notre futur lycée qui avaient déniché un jean doté de pouvoirs magiques. Il leur allait parfaitement à toutes les quatre, et elles se le passaient chacune leur tour. Elles l'avaient décoré et personnalisé. Elles étaient pratiquement amies depuis la naissance. Je ne les ai jamais vues (et ce fameux jean non plus), à part dans l'album des anciens élèves du lycée. Mais Jo connaît Brigdet Vreeland et Polly garde parfois le frère et la sœur de Tibby Rollins. Les quatre filles ont eu leur bac, elles sont parties à la fac, mais on en parle encore. On a du mal à croire qu'elles existent vraiment tant elles sont devenues mythiques.

Au collège, des tas de filles ont essayé de les imiter. Je ne vois que ça pour expliquer pourquoi tant d'élèves s'entêtent à porter des jeans qui ne leur vont pas du tout. Un jean qui s'adapte à toutes les morphologies, ça n'existe pas. Je le sais parce qu'avec Jo et Polly, on a essayé. Eh si, j'ai mis le jean de Polly en sixième ! Et dans l'escalier y a un crétin qui m'a crié que j'avais le sourire du plombier. On m'a surnommée le plombier pendant des mois. Sympa.

Après, on a recommencé avec une jupe en jean. Mais j'ai eu une poussée de croissance et elle était tellement courte pour moi que ma mère m'a interdit de sortir avec. Du coup, on a tenté le blouson en jean. Manque de chance, Polly l'a oublié sur la plage un jour où on était chez Jo, au bord de la mer. Ensuite, au début de l'année de cinquième, on a eu une écharpe à rayures vertes, bleues et violettes. On a même organisé une cérémonie avec des bougies et tout et tout mais, finalement, on ne l'a pas beaucoup portée... parce qu'une écharpe magique, à bien y réfléchir, c'est carrément pathétique.

Jo

Bridget Vreeland était l'une des quatre filles. Je l'ai rencontrée à un stage de foot, entre la sixième et la cinquième. C'était mon entraîneuse. Franchement, elle est trop cool. Dans notre bungalow, on était toutes d'accord. Déjà, elle est super mignonne, elle joue trop bien au foot et elle sortait avec le gars le plus canon de la colo. Mais en plus, elle a trois amies géniales et on l'a même vue porter le jean magique, une fois. Elle a vraiment de la chance. On a l'impression qu'elle n'a jamais de problèmes, jamais de boutons, rien.

On la suivait souvent en cachette. Un soir, on l'a surprise en train de flirter avec Eric Richman au bord du lac. On a trouvé ça tellement romantique ! On gloussait comme des oies dans les buissons. Elle devait nous prendre pour de petites idiotes.

Pour moi, la vie d'ado, c'était ça. Je m'étais figuré que Polly, Ama et moi, on deviendrait comme elle. Mais quand on voit Polly qui sautille sans arrêt, gribouille dans la marge de son cahier et qui a sucé son pouce jusqu'en quatrième, on se pose des questions. Je ne l'imagine pas en soirée ou dans les bras d'un garçon, même maintenant. Quant à Ama, elle préfère réviser ses maths qu'aller au cinéma. Quelles aventures palpitantes voulez-vous qu'il lui arrive à la bibliothèque ou assise à son bureau ?

J'aurais aimé qu'on soit comme les quatre filles, mais c'est raté.

J'ai croisé Bridget deux trois fois à Bethesda. Je lui ai fait signe, mais je ne crois pas qu'elle se souvienne de moi. On était nombreux dans cette colo.

Polly

Les quatre filles avaient tout pour elles. C'était de vrais modèles pour nous. Elles avaient la belle vie, tout leur réussissait. On a essayé de les imiter, sans doute parce que, nous aussi, on voulait mettre une pincée de magie dans notre vie. On a cherché, cherché, mais notre magie à nous, on ne l'a pas trouvée. On a attendu, attendu, mais elle n'est jamais venue.

– Salut, Jo. C'est Ama.

– Salut. Qu'est-ce qui t'arrive ?

Jo attendait vraiment une réponse. Il y eut un silence.

Autrefois, lorsqu'elle lui téléphonait, Ama n'avait pas besoin de lui fournir une raison.

– Je prépare mes affaires pour la rando. Et sur la liste, ils ont mis un bandana. Je crois que je t'en avais prêté un rose, tu te souviens ?

Elle entendit son amie fouiller dans sa chambre.

– Oui, oui, il y a une éternité.

Jo ouvrait et fermait des tiroirs.

– Ça y est, je l'ai ! s'écria-t-elle. Tu veux que je te l'apporte ?

– Je peux passer le prendre, si tu veux.

– Non, non, je viens.

– Et tu as encore mes chaussettes en laine bleues avec les étoiles ? demanda Ama. Je te les avais prêtées pour partir au ski l'an dernier, il me semble.

– Attends...

Jo posa le téléphone un instant avant de le reprendre.

– Je ne les vois pas. À mon avis, c'est Polly qui les a.

– OK, merci. Je vais l'appeler.

Au téléphone, Polly lui répondit qu'elle ne retrouvait pas ses chaussettes, mais qu'elle allait les chercher. Elle promit de les lui déposer si elle arrivait à remettre la main dessus.

Ama était en train de cirer consciencieusement, et avec une certaine amertume, ses chaussures de marche lorsqu'elle entendit sonner à la porte.

C'est sa mère qui alla ouvrir. Elle colla deux baisers sonores sur les joues de Jo avant de la serrer dans ses bras.

– Regardez-moi ça ! Ça fait combien de temps que je

ne t'avais pas vue ? Oh, là, là ! Tu as les cheveux longs ! Et tu n'as plus d'appareil ?

– Maman ! protesta Ama. Ça fait plus d'un an !

Les démonstrations d'affection de sa mère la mettaient toujours mal à l'aise, mais ça n'avait pas l'air de déranger Jo.

– Tu vas rester dîner avec nous, hein ? On fête le départ d'Ama. J'ai fait du *kyinkyinga*. Tu sais, c'est comme du kebab, tu adores.

Jo sourit en jetant un regard embarrassé à son amie.

– Je... non... je ne peux pas. Je dois...

Elle laissa sa phrase en suspens.

– Jo a plein de choses à faire, maman, intervint Ama. Elle part aussi en vacances demain.

En lui faisant signe de venir dans sa chambre, elle remarqua que Jo portait un carton.

Elle le posa lorsque la sonnette retentit à nouveau. Cette fois, Ama se précipita pour ouvrir avant sa mère. C'était Polly, avec un grand sac de courses dans une main et les chaussettes bleues dans l'autre.

– Je les ai retrouvées ! annonça-t-elle.

– Ah, super ! Merci d'être venue me les rapporter. Jo est là aussi, dit Ama en la conduisant dans sa chambre.

Son ton était neutre. Pourtant c'était rare qu'elles se retrouvent toutes les trois chez elle, maintenant. Cela ne s'était pas produit depuis Pâques.

– Ah, bon ? fit Polly.

Ama poussa la porte de sa chambre. Effectivement, Jo était bien là.

Elle avait l'air surprise, méfiante, comme si elle soupçonnait un complot.

– Tu avais raison. C'est Polly qui avait mes chaussettes, expliqua Ama.

– Ah, d'accord, fit Jo.

Polly brandit les chaussettes en question et elles restèrent toutes les trois là, à se dévisager, pendant une bonne minute.

– Qu'est-ce qu'il y a dans ton carton ? s'enquit Ama.

– Puisque je passais te rapporter le bandana, autant en profiter pour te rendre le reste.

Jo se pencha et en tira une pile de DVD, quelques bracelets, des livres et un T-shirt.

– Oh, ce n'était pas la peine !

Ama examina les films.

– Tu adores *Princess Bride*, je t'avais dit que tu pouvais le garder.

Jo haussa les épaules.

– Tu sais, je ne regarde plus ce genre de trucs. Par contre, ça pourrait plaire à ton frère.

Polly avait également rapporté d'autres affaires : une compilation sur CD, un sweat à capuche, et un assortiment de petites peluches – un poussin, un homard, un poisson, un élan et deux nounours.

Ama secoua la tête.

– Polly, franchement, tu n'étais pas obligée de me les rendre !

– Oui, oui, mais j'ai pensé que...

Ama ne savait pas comment réagir. Il y avait tant de choses qu'elle aurait aimé dire... Finalement, elle préféra se taire.

– Bon, ben, je vais aussi vous rendre vos affaires, alors.

De son placard, elle sortit deux hauts qui appartenaient à Jo. Sur son étagère, elle trouva la collection complète des livres de *La Petite Maison dans la prairie* de Polly. Elle les avait depuis le CM1.

– Je suis sûre qu'il n'y a pas que ça..., murmura-t-elle.

Jo s'assit sur son lit et Polly par terre tandis qu'elle arpentait sa chambre, faisant une pile pour chacune.

– On mange dans un quart d'heure ! cria sa mère, rompant le silence qui régnait dans la pièce.

Ama entendit la voix étouffée de son père qui montait de la cuisine.

Une fois les piles terminées, Jo fourra ses affaires dans son carton et Polly les siennes dans son sac.

– Vous pouvez rester dîner si vous voulez.

Ama prononça ces mots sans être vraiment sûre d'y tenir.

Jo ramassa son carton, plus plein qu'à son arrivée.

– J'peux pas. Je vais à la pizzeria avec Bryn, Kylie, Marie et les garçons.

Elle ne leur proposa pas de venir et ça ne les étonna pas. Elles ne faisaient pas partie de la bande.

Ama se tourna vers Polly, qui hésitait.

– C'est un repas de famille ?

– Non, il y aura Grace aussi.

Grace était son binôme en sciences et la seule autre élève de la classe qui avait déjà le brevet avant de le passer, grâce à sa moyenne générale.

– Je ferais mieux de rentrer, je crois, répondit Polly d'une petite voix.

Ama les raccompagna à la porte et elles se dirent au

revoir, échangeant les banalités qu'on se dit entre amies sans vraiment les penser : « Bonnes vacances. Écris-moi. Appelle-moi quand tu rentres. Passe le bonjour à untel et trucmuche. »

Jo leur dit qu'elles se croiseraient peut-être sur la côte. D'habitude, Ama et Polly passaient toujours la voir, mais elle devait se douter que, cette année, elles ne viendraient sûrement pas.

Ama regarda Jo et Polly monter dans l'ascenseur, les bras chargés. Elles avaient récupéré toutes leurs affaires. Maintenant, il ne leur restait plus rien les unes des autres.

Jo

Quand sommes-nous allées voir les saules pour la dernière fois ? Je ne m'en souviens plus. J'ai peut-être arrêté la première. Si ça se trouve, Ama et Polly ont continué. Non, je suis sûre qu'Ama n'y va plus. Elle ne fait plus rien sans avoir une bonne raison. Polly y passe peut-être encore, parfois, je ne sais pas.

Les graines du saule,
portées par leurs longues
fibres blanches et soyeuses,
sont dispersées
aux quatre vents.

CHAPITRE 4

Dans la maison de vacances des Napoli, la chambre de Jo était peinte du même bleu-vert qu'à Bethesda. Elle avait récupéré des meubles ici et là, et un dessus-de-lit aux teintes fanées qui avait appartenu à sa grand-mère du Kentucky. Sur l'appui de fenêtre, elle avait aligné des pots remplis de morceaux de verre poli ramassés sur la plage..Tout cela donnait à la pièce une allure de bric-à-brac qui n'était pas tolérée dans leur « vraie » maison.

Autrefois, ils venaient surtout le week-end et les petites vacances, souvent avec Ama et Polly. Jo savait que sa famille n'était pas vraiment comme celles des voisins. La plupart des mères passaient tout l'été au bord de la mer avec leurs enfants tandis que les pères faisaient l'aller-retour en fin de semaine. Mais après Finn, Jo avait commencé à partir en colo et ses parents ne venaient jamais tout seuls. Ils possédaient l'une des plus grandes villas alors qu'ils n'en profitaient jamais, ce qui ne devait pas leur attirer la sympathie du voisinage, selon Jo.

Elle avait un jour entendu son père demander à sa mère :

– Pourquoi garde-t-on cette maison ?

– Pour les enfants, avait-elle répondu avant de se corriger. Pour Jo.

Jo serait avec plaisir retournée faire un stage de foot en Pennsylvanie. Elle avait adoré mais, cette année, elle était trop vieille pour y aller en tant que colon et trop jeune pour être animatrice. Avec sa mère, elles s'étaient retrouvées bien embêtées ; qu'allait-elle faire tout l'été à la maison ? C'est ainsi que leur était venue l'idée de passer les vacances au bord de la mer. Jo connaissait plein de monde là-bas, entre autres sa copine Bryn. Elle faisait partie de la bande avec qui Jo traînait depuis la cinquième. On ne pouvait pas vraiment compter sur elle en cas de problème existentiel, mais elle était sympa et, avec elle, on n'avait pas le temps de s'ennuyer. D'après Bryn, de nombreux élèves du collège passaient l'été à Rehoboth et bossaient dans les restaurants et cafés de la promenade. C'était également Bryn qui lui avait parlé de ce job au *Surfside*, l'un des rares qu'on pouvait exercer à partir de quatorze ans.

Au début, Jo avait cru que l'idée de passer l'été à la mer venait d'elle mais, ensuite, elle avait eu l'impression que ses parents y avaient déjà pensé.

Elle finit de ranger ses affaires dans ses tiroirs. Jusqu'à aujourd'hui, sa commode avait toujours été cantonnée au rôle d'accessoire, de décor – comme celles des hôtels où personne ne met jamais rien. Jo n'était jamais restée assez longtemps pour prendre la peine de défaire son sac. Cette fois, elle allait vraiment s'installer dans cette chambre. Cette fois, elle aurait le temps de s'ennuyer, d'inviter des amis, de passer des heures au téléphone, de s'asseoir par terre, de décorer les murs en collant des photos découpées dans les journaux. Elle jetterait des trucs dans la corbeille et laisserait ses chaussettes traîner. Elle fermerait la porte pour cacher le bazar à sa mère.

L'heure du dîner approchait et Jo n'avait aucune envie de manger en tête à tête avec elle. Même si son père avait été présent, elle n'aurait pas voulu manger avec eux – soit ils s'ignoraient, soit ils se disputaient. Mais elle n'avait pas envie de manger toute seule non plus. Elle s'imagina dans une pièce pleine d'inconnus.

– Je vais voir s'ils ont retenu ma candidature au *Surfside*, annonça-t-elle à sa mère en sortant.

– Tu ne devais pas attendre qu'ils te téléphonent ? répondit sa mère de la cuisine où elle était en train d'astiquer les placards vitrés.

Il y avait du verre dans toute la maison, alors qu'elle ne supportait pas les traces de doigt.

– Ben, ça leur évitera d'avoir à le faire, répliqua Jo.

– Au fait, j'ai oublié de te dire, Polly a appelé.

– Ah, bon ? Elle a laissé un message ?

– Juste de te dire qu'elle avait appelé.

– D'accord, lança Jo par-dessus son épaule avant de refermer la porte derrière elle.

Polly avait dû essayer de la joindre sur son portable aussi, mais Jo ne l'avait pas consulté depuis un moment.

Elle descendit sur la plage par Oak Avenue. Là, elle ôta ses chaussures et marcha le long de la mer jusqu'au nord de la promenade où se trouvait le *Surfside*. C'était un grand restaurant de fruits de mer saisonnier, fréquenté par les vacanciers et les touristes. Les murs étaient équipés d'immenses baies coulissantes, pour profiter de l'air marin. Le mobilier était spartiate : tables de pique-nique avec assortiment de sauces et serviettes en papier à disposition.

Quand elle était petite, elle adorait cet endroit, la sauce qui piquait les doigts et les bonbons à la menthe dans un saladier, à l'entrée. Elle se resservait souvent en douce en sortant. La première poignée avait un goût sucré et la seconde une saveur coupable. Une fois, elle s'en était même confessée auprès du père Stickel, qui prenait toujours au sérieux ses péchés d'enfant.

Désormais, ses parents ne venaient plus y manger. « Trop touristique », avait décrété sa mère. Jo ne voyait pas en quoi ça la gênait. Elle aimait bien les touristes. Elle avait souvent l'impression d'être de passage, alors qu'elle avait une maison ici.

Comme le service du soir n'avait pas commencé, elle se rendit directement dans le bureau. Par la porte ouverte, elle aperçut le sous-directeur en train de jouer au solitaire sur son ordinateur.

– Vous avez pu étudier ma candidature ? demanda-t-elle.

Le gars avait les cheveux mi-longs et une acné purulente. Même assis, on devinait qu'il était grand, mais il devait faire à peu près son poids – et pour un garçon, ça ne faisait pas lourd.

– Je m'appelle Jo Napoli, je suis une amie de Bryn. Elle a commencé cette semaine.

– Quel âge avez-vous ? répliqua-t-il d'un ton qu'il voulait sec et soupçonneux, mais sa voix dérailla au beau milieu de la phrase.

« Et toi ? » eut-elle envie de répliquer. Elle se retint.

– Quatorze ans.

Elle se racla la gorge avant d'ajouter :

– Et demi.

Elle le regretta aussitôt. Passé six ans, plus personne ne précisait « et demi ».

Il en profita pour reprendre le dessus. Même ses boutons s'atténuèrent. Il quitta sa partie de solitaire en annonçant :

– J'aimerais vérifier votre numéro de sécurité sociale.

– Je l'ai indiqué dans mon formulaire de candidature, affirma-t-elle très posément.

Elle passa la main dans ses cheveux, ce qui sembla le mettre mal à l'aise.

– Jo, c'est ça ?

Il feuilleta une liasse de papiers.

– Vous vous appelez Jo ? Jo pour Joseph ?

– Jo pour Jo.

– Vous êtes de sexe féminin pourtant ?

Elle leva les yeux au ciel.

Il chercha dans une autre pile.

– Ah, voilà ! fit-il en tirant un papier qu'il parcourut du regard. On dirait bien que vous êtes prise.

– C'est vrai ?

– Personnellement, je ne vous aurais pas engagée, mais quelqu'un d'autre a validé votre candidature.

– Super. Merci.

– Vous commencez demain en tant qu'aide-serveur.

– Aide-serveuse, corrigea-t-elle.

Il avait déjà repris sa partie de solitaire.

– Si vous le dites.

Polly avait réchauffé les restes de leur repas de la veille. Assise à la table de la cuisine, elle contemplait son assiette, indécise. La part de sa mère était encore dans le micro-ondes car, comme toujours, elle rentrerait tard de son atelier.

Polly fixa les pâtes enroulées sur sa fourchette. Les mannequins ne mangeaient sûrement pas de spaghettis et encore moins des boulettes de viande. Les top models se nourrissaient presque exclusivement de crudités. Elle pourrait essayer de préparer des salades, le soir. À part la sauce au bleu ou les olives qu'elle détestait, ça pouvait passer. Sans y avoir touché, elle vida à regret son assiette dans la poubelle avant de monter dans sa chambre.

Plus tard, dans son lit, son estomac affamé gargouillait tellement qu'elle n'arrivait pas à lire. Son esprit abandonnait régulièrement *Les Quatre Filles du Dr March*, pour aller vagabonder dans le placard de la cuisine où étaient rangés les biscuits. Elle en avait acheté plusieurs paquets à Sasha Thomas, une petite fille qu'elle gardait. Tout l'argent du baby-sitting était passé dans les gâteaux, parce que Sasha espérait bien remporter la médaille promise à la scout de la troupe qui en vendrait le plus[1].

Finalement, Polly descendit dans la cuisine en chemise de nuit. Après avoir englouti quatre délices au

1. C'est une tradition aux États-Unis, les scouts féminines vendent des cookies pour financer leurs activités (NdT).

caramel, sept gaufrettes choco-menthe, trois biscuits fourrés au beurre de cacahuètes et un croquant vanille-choco-cacahuète, elle eut mal au cœur. Pas très classe pour un futur top model, hein ? À moins de se faire vomir exprès. En fin de compte, elle aurait peut-être dû manger ses spaghettis au dîner.

Elle avait tellement envie d'en savoir plus sur sa grand-mère. Elle avait hâte que sa mère rentre pour pouvoir lui demander si elle l'avait rencontrée, si elle avait des anecdotes à lui raconter ou peut-être même une photo d'elle. Certains soirs, ça lui était égal que Dia revienne à pas d'heure et file direct se coucher, mais aujourd'hui, ça l'énervait. Tant de questions se bousculaient dans sa tête qu'elle décida de les noter sur un bout de papier.

Elle regarda sa montre : neuf heures. Il n'était pas trop tard encore. Elle aurait bien téléphoné à Jo, mais elle lui avait déjà laissé un message et elle n'avait pas rappelé. Elle composa quand même son numéro. D'abord celui de son portable puis, comme ça ne répondait pas, celui de sa maison de vacances.

– Allô ? fit sa mère.

– Bonsoir, Judy. C'est encore Polly. Jo est là ?

– Bonsoir, ma puce. Non, elle est sortie avec des amis. Je lui dirai que tu as appelé.

Elle avait une voix lasse. Elle en avait peut-être assez que Polly la dérange.

– Elle a trouvé un petit boulot ?

Voilà qu'elle demandait des nouvelles de sa copine à sa mère. Pathétique.

– Oui, aide-serveuse au *Surfside*. Elle commence demain.

– Génial !

Un instant, elle hésita à lui parler de sa grand-mère, mais elle se retint. Elle n'était tout de même pas désespérée à ce point.

Ama traversa le hall des arrivées de l'aéroport de Jackson, Wyoming, complètement déboussolée. Jusque-là, elle n'avait pris l'avion que deux fois dans sa vie et encore, jamais toute seule. Ça lui faisait bizarre de se retrouver si loin de chez elle, au milieu d'une foule d'étrangers.

Elle se demandait qui de son groupe elle verrait en premier. Elle se demandait de quoi ils auraient l'air et s'ils la reconnaîtraient. Elle se demandait s'ils avaient sa photo. Savaient-ils seulement qu'elle était noire ? Si c'était le cas, ils n'auraient aucun mal à la repérer. Visiblement, c'était la seule de tout l'aéroport. Il n'y avait peut-être pas de Noirs dans le Wyoming…

Elle n'avait pas osé en faire toute une histoire, car sa sœur avait déjà parcouru le monde toute seule. Esi était allée en Chine pour les Olympiades internationales de mathématiques à treize ans à peine. Puis elle avait participé à des concours de maths à Berlin et au Kazakhstan. Et à seize ans, elle était partie vivre sur le campus de Princeton.

Ama focalisa son angoisse sur les affaires qu'elle avait dans son sac. Les animateurs allaient sans doute vérifier le contenu de leurs bagages et elle ne voulait pas éveiller les soupçons d'entrée de jeu.

– Ama ? Ama Botsio ?

Un jeune homme d'une vingtaine d'années, assez

mignon, avec un T-shirt « Aventure Nature » s'approcha d'elle. Des lunettes noires pendaient à son cou.

– C'est moi, murmura-t-elle d'une voix étranglée.

Il lui serra la main en lui broyant les os. Si elle flanchait à la première poignée de main, qu'est-ce que ce serait lorsqu'il faudrait attaquer l'escalade ?

– Enchanté. Je m'appelle Jared, je suis l'un des animateurs.

– Enchantée, marmonna-t-elle en frottant ses doigts endoloris.

– On n'attendait plus que toi, dit-il en lui montrant le chemin. Le reste du groupe est déjà sur le parking.

Elle supposait que, la voyant tituber sous le poids de son paquetage, il lui proposerait un coup de main, mais non. Il avança d'un pas pressé, son bloc-notes sous le bras.

« Je ne vais même pas réussir à traverser l'aéroport », pensa-t-elle, abattue, voyant qu'il la semait déjà.

Sur le parking désert, une poignée d'ados gravitait autour d'une table de camping installée devant un car. Pas un beau car moderne avec la clim', des vitres fumées, des sièges en velours et la télé. Non, un vieux bus scolaire jaune.

Le visage dégoulinant de sueur, Ama aurait aimé avoir une paire de mains supplémentaire pour se recoiffer et s'éponger le front avant de faire leur connaissance.

Ses cheveux souffraient du syndrome « Dr Jekyll et Mr Hyde ». Lorsqu'ils étaient lavés, lissés, et qu'il ne faisait pas trop humide, elle les adorait. Ils étaient brillants, soyeux, même sa sœur en était jalouse. Quand ses cheveux étaient dans un bon jour, elle se plaisait presque. Mais au moindre changement de shampooing, problème de séchage ou caprice de la météo, ils se mettaient à frisotter, à gonfler, échappant à tout contrôle. Ils prenaient un volume monstrueux et défiaient les lois de la gravité. Et si elle n'intervenait pas, cela ne faisait qu'empirer. Alors, Ama se trouvait laide. Tout en elle lui semblait hideux. Ses cheveux n'avaient pourtant pas le pouvoir de faire rétrécir ses yeux, pousser son cou, grandir ses oreilles... mais c'était l'impression qu'elle avait.

Elle scruta le petit groupe. Tous blancs, à part une fille d'origine asiatique – qui n'avait certainement pas de problèmes capillaires – et un gars qui avait l'air hispanique. Pas d'autres Noirs. Pardon, pas d'autres Afro-Américains, comme disaient ses professeurs. « Ma famille vient d'Afrique, mais je suis américaine », avait-elle fait remarquer à son institutrice de CE1.

Elle n'avait pas encore compris que ça les gênait de dire « Noirs ». « Afro-Américains » leur semblait plus politiquement correct.

Sa gorge se serra lorsqu'elle réalisa pourquoi on l'avait expédiée ici. Il fallait toujours un Noir... euh, un Afro-Américain de service. Peu importe qu'elle déteste la nature et qu'elle soit un véritable rat de bibliothèque. Qu'est-ce que ça pouvait bien leur faire que cette rando ne lui convienne pas ? Il leur fallait un Noir en photo sur leur site Internet.

Jared tapa si fort dans ses mains qu'elle sursauta et manqua faire tomber son paquetage. Tous les autres se tournèrent vers eux.

– Je vous présente Ama Botsio, qui vient de la région de Washington. Le groupe est au complet, quatorze participants et trois animateurs.

Il désigna deux autres adultes portant des T-shirts « Aventure Nature ». Une femme de vingt-cinq ou trente ans, cheveux frisottés décolorés par le soleil et yeux d'insecte. Et un homme plus âgé, approchant de la quarantaine, à la barbe grisonnante. Ama remarqua qu'ils avaient les jambes musclées et que leurs chaussures de marche avaient vu du pays. Elle baissa les yeux vers ses mollets de coq plantés dans des godillots en cuir raide, flambant neufs et ampoulogènes.

– Voici Maureen et Dan. Nous ne sommes pas nombreux pour vous encadrer, alors il va falloir être cool avec nous, ajouta Jared.

Franchement, il n'avait pas l'air très inquiet. Il semblait en terrain conquis alors que les participants paraissaient plutôt mal à l'aise. Personne ne pipait mot. En les séparant de leurs amis et en les contraignant à porter une tenue de randonnée ridicule, on pouvait dompter les ados les plus rebelles.

– Posez vos sacs sur la table, ordonna Jared. On va vérifier votre équipement avant de partir. Sortez vos affaires en les empilant bien en ordre. On va passer pour contrôler, OK ? Ensuite, vous pourrez tout remettre dedans.

Un peu perdus, ils obéirent docilement. Les mains moites, Ama défit lentement son sac tandis que les animateurs commençaient leur tour de table. Elle croisait les doigts pour tomber sur Maureen, qui avait plus de chance de se montrer sensible à ses angoisses capillaires

– même si elle ne semblait pas attacher une grande importance à sa coiffure. Hélas, ce fut Jared qui s'approcha d'elle. Il cocha les différents machins en laine de sa liste d'un air approbateur. Elle retint son souffle, priant pour qu'il passe au suivant. Mais il fixa son sac, visiblement doté d'un sixième sens pour détecter le matériel non autorisé.

– Il n'y a plus rien dedans ? demanda-t-il.

– Euh… Si, j'ai emporté un livre. Désolée. Je vais m'en débarrasser.

Elle brandit nerveusement l'objet incriminé.

Mais il ne mordit pas à l'hameçon comme elle l'avait espéré.

– C'est tout ?

Elle ne pouvait pas mentir. Elle ne savait pas mentir. Elle toussota et se mit à bafouiller.

Jared plongea la main au fond du sac. Elle se mordit les lèvres lorsqu'il sortit son fer à lisser et les trois paquets de piles qui allaient avec. Il leva l'engin dans les airs pour l'examiner, attirant l'attention du reste du groupe.

Puis il fronça les sourcils.

– Qu'est-ce que c'est que ce machin ?

– Euh… C'est pour…

L'une des filles secoua la tête. Ama se sentit rougir.

– Ce n'est pas sur la liste, décréta Jared.

Et il jeta fer et piles dans un carton qui contenait plusieurs produits de beauté de contrebande, une PSP, deux téléphones portables et un IPod.

Elle hoqueta :

– Vous allez le mettre à la poubelle ?

Polly le lui avait offert en sixième après avoir vu la pub à la télé. Ama y tenait. Elle était assez rationnelle en général, sauf au sujet de ses cheveux.

– Non, je vais tout laisser dans un casier à l'aéroport. Vous pourrez reprendre vos affaires au retour. C'est pour ça qu'on vérifie vos sacs maintenant.

L'espace d'un instant, Ama crut qu'elle allait pouvoir garder son démêlant aux protéines de soie Silky Plus, le top du top des soins pour les cheveux, son seul et unique luxe… mais Jared se montra sans pitié. Il fouilla à nouveau dans son sac et en sortit le précieux flacon.

– Je peux l'emporter ? supplia-t-elle. S'il vous plaît, rien que ça ?

Il secoua la tête.

– Non, c'est trop gros. Une fois qu'on vous aura donné le reste du matériel, tu n'auras plus assez de place.

Voyant son air accablé, il ajouta :

– Désolé, si le flacon avait été plus petit, je te l'aurais laissé, mais là, c'est impossible.

– Je crois qu'il existe un format voyage, gémit Ama, mais je ne l'ai pas trouvé au magasin.

Il allait le mettre à la poubelle.

– Non ! Ne le jetez pas !

Il la dévisagea comme si une paire d'antennes venait de lui pousser sur le crâne.

– Tu crois que ça vaut vraiment la peine de payer la consigne pendant deux mois ?

– Oui ! Ça coûte une fortune !

Il secoua la tête, l'air las.

– OK. Tu pourras le récupérer au retour.

Ama acquiesça tristement tandis qu'il cochait son nom sur la liste.

– Pas de bijoux ! l'entendit-elle crier devant le sac suivant.

En lissant ses cheveux d'une main distraite, Ama regarda la fille déposer sans protester ses grands anneaux dans le carton.

CHAPITRE 5

Bryn attendait Jo à la porte du restaurant, dans son T-shirt bleu pastel au nom du *Surfside*.

– Oh, là, là ! Tu commences aujourd'hui, c'est génial !

Jo était contente mais un peu stressée quand même. Contrairement à ce qu'elle avait affirmé sur son formulaire de candidature, elle n'avait aucune idée de ce qu'on attendait d'une aide-serveuse.

– Comment ça se passe ? demanda-t-elle à mi-voix.

Bryn la conduisit dans la cuisine. Elle lui montra les casiers pour déposer leurs affaires, ainsi que les toilettes des femmes qui, d'après elle, étaient leur repaire secret.

– Voilà Megan, fit-elle en désignant une fille qui discutait, le portable vissé à l'oreille, devant la porte de la cuisine. Elle vient de Washington. Elle doit être dans un lycée privé. C'est une serveuse, alors il faut être sympa avec elle, lui faciliter la tâche pour qu'elle partage les pourboires avec nous.

– Et comment fait-on pour lui simplifier la tâche ? s'enquit Jo.

Bryn n'eut pas le temps de lui expliquer parce qu'elle avait repéré un garçon dans la salle.

– Tu as vu ce mec ?

– Ouais.
– Il est au lycée de Bethesda.
– Ah, oui ?
Encore un ! À croire que tout le lycée s'était donné rendez-vous ici.
– En première. On le croisera sûrement l'an prochain. Génial, hein ? Il est canon, non ?
– Hum…
Elle ne le trouvait pas si terrible que ça. Petit, un peu enveloppé, avec de très longs bras.
– Hier, il m'a demandé de lui passer un chewing-gum, précisa Bryn, pleine d'espoir.
Jo hocha la tête.
– Waouh… Bon. Alors, qu'est-ce qu'on doit faire ? Quelqu'un est censé me former ?
– Tu vois cette fille, près de la desserte à couverts ?
Jo acquiesça à nouveau.
– C'est Sheba Crane. Elle est aussi au lycée de Bethesda. En seconde. C'est une pom-pom girl. Sans rire.
– Waouh, répéta Jo.
Elle remarqua que Sheba et les autres filles avaient les cheveux relevés en chignon. Demain, elle se coifferait comme ça.
– Elle pourra nous être utile l'an prochain.
Comme au collège, Bryn connaissait tout le monde et savait exactement le rôle que chacun jouait.
– Tu crois ?
– Absolument.
– Le service commence à quelle heure ? demanda Jo.

Les gens qui sont assis là-bas... ce sont des clients, non ?

Mais Bryn ne regardait pas les clients. Elle ne quittait pas des yeux les deux garçons qui venaient d'entrer dans la cuisine. L'un d'eux ôta immédiatement sa chemise pour la fourrer dans son casier. Le temps que leur petit numéro soit fini, deux tables de plus étaient prises et des voix commençaient à s'élever dans la salle. Bryn courut voir ce qui se passait. Elle revint l'air passablement agacée.

– Viens, Jo. Tu t'occupes de la zone 3, ce soir. Faut leur apporter de l'eau et du pain.

– Dia ?

Le lendemain, Polly attendait sa mère de pied ferme. Dès qu'elle rentra de l'atelier, sans même lui laisser le temps de poser ses affaires, elle attaqua :

– Je peux te demander un truc ?

– Polly, je suis en nage et complètement crevée. Je peux d'abord boire un coup et m'asseoir ?

– OK, fit-elle en la suivant dans la cuisine.

Elle tenta de maîtriser son impatience tandis que Dia sortait la bouteille de gin du placard et une canette de Schweppes du frigo pour se préparer un verre. Elle s'assit à la table de la cuisine, près de la fenêtre.

Polly s'installa en face d'elle.

– Alors, ça s'est bien passé à l'atelier ?

Dia hocha la tête.

– Oui, oui.

Elle trempa ses lèvres dans son verre. Polly espérait

que ça allait la détendre. Elle n'avait visiblement pas envie de parler de son travail ce soir.

Il n'y avait pas un bruit dans la maison. Pour une fois, même le réfrigérateur se faisait discret. De temps en temps, quand elle ne rentrait pas trop tard, Dia mettait de la musique – du punk-rock violent ou des chœurs de Bach, en général. Mais cela faisait un moment qu'elle n'avait rien écouté.

– Alors, ta question ? fit-elle.

Polly avait le soleil en face, elle était obligée de plisser les yeux pour regarder sa mère.

– Tu sais, j'ai dîné avec oncle Hoppy et il m'a dit…

Dia secoua la tête.

– Allons bon. Qu'est-ce qu'il a encore été te raconter ?

– Il m'a parlé de… de ma grand-mère.

– Quelle grand-mère ?

– La mère de mon père, évidemment.

– Ah, oui ?

– Oui. Il m'a dit qu'elle était très belle et… tu la connais ?

– Non, je n'ai pas cet honneur.

Dia prenait un air méfiant dès que Polly évoquait son père. Elle se souvenait pourtant qu'autrefois, Dia lui avait confié des choses sur lui : par exemple qu'il avait des origines roumaines et que, si ça se trouve, Dracula était son ancêtre. Elle lui avait appris que son père jouait bien au tennis, mais dansait comme un pied. Qu'il était un peu ringard et pourtant qu'il adorait les Sex Pistols.

– Mais tu étais au courant qu'elle… enfin, oncle Hoppy m'a dit que…

– Oh, Polly ! Non, je ne sais rien.

Dia se leva pour rouvrir le frigo.

– Je ne l'ai jamais rencontrée. Ça m'énerve qu'il te raconte n'importe quoi.

Mais Polly ne voulait pas abandonner si vite.

– Tu as déjà vu sa photo ? Mon père t'a peut-être parlé d'elle ?

– Non, non.

Dia lui tourna le dos.

– Enfin, il a bien dû te parler de sa mère ! Tu ne fais aucun effort pour te souvenir.

Sa mère lui fit face.

– Parce qu'il n'y a rien à dire, Polly ! Compris ? Je ne veux plus que tu dînes avec Hoppy. La prochaine fois qu'il t'appelle, tu refuses, OK ? C'est un gentil petit vieux, mais il ne sait plus ce qu'il dit.

« Ce n'est pas un truc pour moi », constata Ama en voyant le sac à dos de l'avant-dernier participant disparaître entre les arbres. Ses chevilles, ses pieds... rien chez elle n'était fait pour la marche. Elle était grande, mais avec une ossature fine et délicate. Elle n'avait pas le moindre muscle. Tout ce qu'elle avait, c'était des courbatures, des ampoules et des cheveux qui défiaient les lois de la gravité. Elle allait finir par se perdre, à force de rester toute seule à la traîne. Elle s'efforça de presser le pas, mais les bretelles de son sac à dos lui sciaient les épaules, elle trébuchait au moindre caillou, au moindre nid-de-poule dans le sentier.

Quel était l'intérêt de tout ça ? se demandait-elle. Pourquoi les gens aimaient-ils tellement faire de la randonnée ? Qu'est-ce que ça leur apportait de marcher ainsi ? Pour mériter son nom et la passion que ses adeptes lui vouaient, cette activité ne pouvait quand même pas se résumer à marcher bêtement dans la nature ?

Elle n'avait jamais fait de randonnée avec ses parents. Ils n'avaient sans doute jamais randonné de leur vie. Elle était convaincue que les Ghanéens n'étaient pas de grands amateurs de randonnée. À Kumasi, la ville où elle était née, les gens marchaient beaucoup, sur des sentiers caillouteux, mais parce qu'ils devaient se rendre quelque part. Et ils appelaient ça voyager. Ici, il y avait tellement de voitures, de bus, de métros que la marche était presque devenue un loisir. Exactement : randonner, c'était marcher pour rien. Marcher sans raison pour se rendre nulle part. Et avec de grosses chaussures inconfortables aux pieds.

Elle était toute seule loin derrière, maintenant. Il fallait qu'elle rattrape le groupe. Et si elle se tordait la cheville ? Est-ce que quelqu'un s'en rendrait compte, au moins ? Personne à part les ours, sans doute. Et peut-être les loups. Y avait-il des loups dans le coin ?

Elle fixait des yeux ce sol perfide qui n'arrêtait pas de la faire trébucher. Elle devait avoir plus d'un kilomètre de retard sur les autres. Et si elle s'égarait ? Si elle était partie dans la mauvaise direction ? Elle sentit l'angoisse la gagner. Comment ferait-elle pour se nourrir ? Elle ignorait ce qui était comestible ou pas. Elle se vit, gisant sur le sol, empoisonnée par des champignons vénéneux. Elle s'imagina cernée par les ours venus faire un festin de sa carcasse.

– En Belgique, je crois qu'on dit les cheveux crollés.

Surprise, Ama se retourna en sursaut. Un garçon de son groupe se tenait devant elle.

– Quoi ?

Son cœur battait à tout rompre. C'était le seul truc rapide, chez elle.

Il désignait la masse impressionnante de sa chevelure.

– Les boucles. Les Belges appellent ça des « crolles ».

– Oh...

Ama baissa les yeux. D'où sortait-il ? Et qu'est-ce qu'il racontait ? Déjà qu'elle n'était pas très à l'aise avec les garçons, son entrée en matière ne l'aidait pas beaucoup. Il fallait sans doute rire. Elle entendait les secondes s'écouler, *tic tac, tic tac.* C'était trop tard pour rire, non ?

– J'ai vécu en Belgique jusqu'au CM1. Je ne sais pas pourquoi, mais ce mot bizarre m'est resté.

Il se figea un instant.

– Non, attends. Ça ne veut peut-être pas dire boucle, mais chaussure, je ne sais plus.

Il secoua la tête.

– Je mélange tout.

Il s'appelait Noah, se souvint-elle. Il venait de New York. Il avait les cheveux mi-longs, un peu gras, et un grand sourire charmeur.

– J'ai vécu au Ghana, se surprit-elle à répondre. Jusqu'au CP.

– C'est vrai ?

– Oui.

– Ma mère travaillait pour une boîte d'informatique à Bruxelles. C'est pour ça qu'on y habitait.

– Nous… on est de là-bas. Du Ghana, je veux dire.

Quelle nouille ! Elle n'arrivait pas à aligner deux mots.

– Tu ne vas pas me croire, mais je parlais couramment flamand. J'ai tout oublié, comme tu peux le constater. À part ces fameuses « crolles » qui veulent dire soit boucles soit chaussures. Et toi, tu parles toujours… c'est quelle langue au Ghana ?

– L'anglais, majoritairement. Ainsi que plusieurs dialectes locaux. Ma famille parle l'akan. Et ma mère vient de Côte d'Ivoire, alors on parle aussi français.

– Waouh, tu maîtrises trois langues ?

Elle ignorait où se situait la limite entre impressionnant et anormal, aussi répondit-elle évasivement :

– Mm…

Sans ajouter « espagnol également et quelques mots d'arabe » pour ne pas passer pour un monstre de foire.

– Comme mes parents et ma grande sœur continuent à parler les trois langues, je pratique régulièrement. Au Ghana, ça n'a rien d'extraordinaire.

Elle lui jeta un bref coup d'œil. Voilà, elle savait maintenant où se situait la limite entre « étonnant » et « assommant » et elle se demandait pourquoi elle l'avait franchie avec tant d'empressement.

– Tu vas rester ? demanda-t-il. Aux États-Unis, je veux dire. Ou tu vas retourner là-bas ?

– Au Ghana ? Non, je ne pense pas. Mes parents ont dépensé toutes leurs économies pour obtenir nos cartes vertes, alors j'en doute. Enfin, mon frère n'en a pas eu besoin parce qu'il est né ici. C'est l'Américain de souche de la famille. Alors qu'on porte tous des prénoms ghanéens, lui, il s'appelle Bob.

Ama releva la tête. L'espace d'un instant, elle avait oublié qu'elle parlait avec un garçon.

Noah semblait apprécier son humour. Il se mit à rire. Mais, soudain, elle eut peur qu'il ne se moque d'elle. Ses chevilles flageolèrent.

Elle s'aperçut qu'il avait ralenti pour s'adapter à son rythme. Lui qui marchait sans bruit, d'un pas assuré, comme un lynx, voilà qu'il boitillait à ses côtés. Il devait regretter de se retrouver bloqué avec elle.

– Tu peux y aller, dit-elle en trébuchant, si tu veux.

Elle tenta d'une main de lisser ses cheveux.

– Comment ça ?

– Je sais que je suis lente. Ne te sens pas obligé de m'attendre.

– Oh, je vais à mon propre rythme, dit-il. En faisant un petit tour par là, j'ai découvert un ruisseau et une cascade. Je ne suis pas pressé.

– D'accord, fit-elle d'un ton hésitant.

– Mais si tu préfères marcher seule…

« Non, reste avec moi ! Ne t'en vas pas, je t'en prie ! » avait-elle envie de hurler.

– Ça m'est égal, se contenta-t-elle de répondre.

CHAPITRE 6

– Non, madame Rollins, ça ne me dérange pas du tout, affirma Polly tandis que celle-ci vidait frénétiquement son sac à la recherche de ses clés de voiture. Je peux rentrer plus tard.

Comme d'habitude, Mme Rollins avait finalement besoin de Polly pour garder ses enfants deux fois plus longtemps que prévu et, comme d'habitude, elle avait accepté.

– Merci, Polly.

Mme Rollins se tourna vers Nicky, son fils de six ans qui jouait sur l'ordinateur de la cuisine.

– Nicholas, c'est toi qui m'as pris mes clés ?

Le petit garçon haussa les épaules d'un air innocent. Cependant la question méritait d'être posée. Les enfants étaient irrésistiblement attirés par ce trousseau de clés aux allures de télécommande, avec son gros bouton rouge qui déclenchait une crise d'hystérie de la voiture.

– Katherine ! cria Mme Rollins dans la cage d'escalier. C'est toi qui as mes clés de voiture ?

La fillette apparut sur le palier une ou deux minutes plus tard.

– Quoi ?
– Tu as vu mes clés ?
– Non !

Polly jeta un regard circulaire autour d'elle. Le plus délicat lorsqu'elle faisait un baby-sitting chez les Rollins, ce n'était pas Nicky ou Katherine, mais leur mère. Elle était toujours à la recherche de ses clés ou de sa carte de crédit, toujours en retard et, même si elle était sympathique et chaleureuse, elle parlait sans arrêt et à un volume à peine supportable pour Polly.

– Celles-ci ? demanda cette dernière, qui les avait repérées près du téléphone.

– Oui !

Mme Rollins les lui arracha des mains en lui plaquant un gros bisou sur la joue.

– Oh, mon Dieu, Polly, que ferais-je sans toi ?

Elle sourit. Contrairement aux autres adultes de sa connaissance, Mme Rollins était confrontée à des problèmes qui lui semblaient faciles à résoudre.

Après son départ, Katherine se décolla de l'écran de télé et Nicky abandonna son ordinateur. Comme souvent, ils s'assirent sur la moquette épaisse du vaste hall d'entrée climatisé et jouèrent aux cartes, à SOS Ouistiti et à ce jeu où l'alligator vous mord le doigt si on touche la mauvaise dent. Polly faisait toujours exprès de perdre et hurlait de douleur, ce qui réjouissait Katherine au plus haut point.

La plupart des baby-sitters se contentent de planter les enfants devant la télé ou la console vidéo pendant qu'elles passent des heures à bavarder au téléphone avec leurs copines ou à leur envoyer des textos. Mais Polly n'était pas comme ça. Elle était fière que Nicky et Katherine ne regardent presque jamais la télé quand elle les gardait. Ils ne faisaient pas de caprices, ne pleurnichaient pas, sans doute parce qu'elle s'agenouillait par terre pour jouer avec eux. Et elle aimait ça. Elle aimait s'installer à la table de la cuisine et dessiner avec eux. Elle aimait manger des beignets de poulet et des glaces avec eux. Pas simplement pour pouvoir se vanter d'être une bonne baby-sitter, mais parce que ça lui plaisait.

Elle était en train de préparer les nuggets avec des carottes lorsqu'on sonna à la porte. Elle posa les assiettes pour aller ouvrir et se retrouva nez à nez avec un grand mec d'une vingtaine d'années, pas mal du tout. Elle l'avait déjà croisé chez les Rollins.

– Salut, fit-il. Polly, c'est ça ?

Elle hocha la tête. Elle était tellement stupéfaite et flattée qu'il se souvienne de son nom qu'elle resta plantée là, en plein dans le passage.

Reconnaissant sa voix, les deux enfants accoururent à la porte.

– Brian !

Ils lui sautèrent au cou. Pour rire, il fit semblant de tituber sous leur poids et s'écroula dans l'entrée.

Elle le regarda chahuter avec les petits avant de les jeter sans le moindre effort sur le canapé. Ils étaient aux anges et adoraient visiblement Brian.

– Tu veux manger des nuggets avec nous ? proposa Katherine en le prenant par la main.

– Volontiers !

Nicky se fit conduire jusqu'à la cuisine sur son dos.

Polly ajouta des beignets dans la poêle afin qu'il y en ait assez pour tout le monde.

– Je suis passé prendre quelques DVD pour Tibby, expliqua-t-il en s'asseyant. Je dois les lui envoyer.

Polly hocha la tête et remplit les verres de lait.

Tibby, la grande sœur de Nicky et Katherine, avait vingt ans. C'était l'une des quatre filles du jean magique. Elle étudiait le cinéma à la fac de New York et réalisait des films. Les rares fois où Polly l'avait rencontrée, elle avait été tellement impressionnée qu'elle n'avait pas réussi à décrocher un mot.

Brian sortait avec elle, mais l'éloignement compliquait un peu leur relation.

Pour Polly, c'était le petit ami modèle. Lorsque dans un bouquin ou un magazine, une fille avait un copain, elle l'imaginait toujours sous les traits de Brian.

S'ils lui vouaient un véritable culte, les petits râlaient parfois après leur sœur aînée, mais ça ne diminuait en rien son prestige aux yeux de Polly. Elle comprenait parfaitement que ces adorables bambins puissent paraître un peu moins mignons à quelqu'un qui vivait avec eux, faisait partie de la famille et ne pouvait pas les quitter à la fin de la journée si ça lui chantait.

Lorsque Brian monta à l'étage, Nicky, Katherine et Polly le suivirent, mais elle leur prit la main pour les empêcher d'entrer dans la chambre de leur sœur.

Dans la pénombre, elle aperçut un ordinateur entouré de gigantesques piles de CD.

Cette pièce l'intimidait. Elle était pratiquement toujours fermée. Elle avait deux ou trois fois jeté un coup d'œil à l'intérieur, mais jamais elle n'avait osé y pénétrer. Pour elle, c'était un sanctuaire abritant les reliques d'un personnage mythique. Ce lieu la renvoyait à des images angoissantes : l'entrée dans l'âge adulte et la fin de l'enfance, le moment où l'on quitte la maison, laissant derrière soi des souvenirs, des objets, des gens.

Derrière la porte, elle remarqua une fois de plus la photo d'une fillette blonde et pâle, en gros plan. Elle avait beau rire, son expression hantait toujours Polly.

Elle se doutait que Brian préférait être seul, aussi lança-t-elle avec un enthousiasme un peu forcé :

– Hé, j'ai bien envie de prendre ma revanche à SOS Ouistiti, moi ! Allez, venez.

Comme prévu, Nicky et Katherine mordirent à l'hameçon et dévalèrent l'escalier à sa suite.

Quelques minutes plus tard, en remontant chercher un rouleau de papier toilette, elle repassa devant la chambre de Tibby.

Par la porte entrouverte, elle vit Brian assis au bord du lit, avec le DVD qu'il avait fini par trouver dans une main et la tête dans l'autre.

Il ne leva pas les yeux, ne remarqua pas sa présence. Elle s'éclipsa sur la pointe des pieds, supposant que Tibby lui manquait.

Il partit peu après et Polly passa le reste de l'après-midi dans un état second, l'esprit flottant dans les airs, regardant son corps jouer à Docteur Maboul et à Hippos gloutons.

Bizarrement, ses pensées l'avaient ramenée à cette grand-mère mannequin dont elle avait récemment appris l'existence. Avait-elle un jour été aimée comme Brian aimait Tibby ?

– Je suis obligée d'y aller, expliqua Jo. Même si je n'ai pas envie.

Elle discutait avec Bryn sur son portable dans le car qui la ramenait à Bethesda.

– J'ai dû échanger mon service avec Brownie.

– Bah, quel pauvre type, râla Bryn.

Quelle que soit la situation – y compris quand ça n'apportait absolument rien à la conversation –, jamais elle ne manquait une occasion de rappeler l'implacable hiérarchie sociale.

– Peut-être, mais ça ne le dérangeait pas de bosser ce soir...

Jo commençait à voir l'oreille qui chauffait, aussi changea-t-elle son téléphone de côté.

– Je travaillerai demain à l'heure du déjeuner à la place.

– Je suis sûre qu'il était ravi que tu daignes lui adresser la parole, affirma Bryn.

Elle s'interrompit un instant pour crier après son frère, puis reprit :

– Pourquoi tu rentres à Bethesda, alors ?

– Je... je dîne avec mon père.

– Ah, bon ? Mais pourquoi ?

– Il ne peut pas venir cet été parce qu'il... tu sais, il est de garde à l'hôpital. Alors il... a envie de me voir, j'imagine.

Jo ne savait pas comment présenter les choses. Elle ignorait elle-même pourquoi son père tenait à dîner en tête à tête avec elle, pourquoi il avait tant insisté. Elle espérait que Bryn n'allait pas creuser la question. Par chance, elle n'avait pas l'air de l'écouter. Elle était visiblement en train de mâcher un chewing-gum tout en tapant un truc sur son ordinateur.

– Il vient de recevoir ton relevé de notes ou quoi ? demanda-t-elle d'un ton distrait.

Jo se mit à rire.

– Ouais, peut-être.

Franchement, elle doutait que ce soit l'explication. Par la fenêtre, elle aperçut les bouchons. Après avoir passé la journée à la plage, les gens rentraient en ville, créant des embouteillages monstres.

– Faut que je raccroche. J'ai plus de batterie.

– OK. À plus. Bon courage pour le voyage.

– Tu penses, c'est un plaisir de rouler dans cet autocar grand luxe.

– Ouais, c'est ça.

Jo appuya son front contre la vitre, admirant le soleil couchant rouge vif. D'habitude, il teintait tout le ciel de rose et d'orangé, mais ce soir, il paraissait décidé à garder sa couleur pour lui. On aurait dit une boule de feu qui menaçait de tomber quelques kilomètres plus à l'ouest, sur Bethesda, sur sa maison peut-être.

Elle n'avait toujours pas rappelé Polly. Mince. Si elle lui racontait qu'elle rentrait à Bethesda pour dîner avec son père, contrairement à Bryn, Polly l'écouterait et saisirait immédiatement l'étrangeté de la situation.

Environ un an auparavant, Polly lui avait parlé de son propre père qu'elle n'avait jamais connu.

– Si ça peut te consoler, je n'ai pas vraiment de père non plus, avait répondu Jo.

Elle n'en revenait pas d'avoir dit ça. Elle devait être vraiment à bout.

– Arrête, avait répliqué Polly, qui prenait toujours tout au pied de la lettre, il habite avec toi.

– Je sais…, avait soupiré Jo.

Elle n'avait pas envie de s'appesantir sur le sujet, mais elle avait bien vu que Polly comprenait ce qu'elle voulait dire, du moins en partie.

Le père de Jo était chirurgien. Quand elle était petite, il enseignait encore, il débutait sa carrière. Il dînait avec toute la famille, emmenait Jo au cinéma, au musée ou voir des matchs le week-end. Ils répétaient leurs morceaux de violon ensemble tous les jours. C'était lui qui lui avait appris à jouer au foot. Il avait même entraîné l'équipe de l'école jusqu'en CM2.

Mais après ce qui était arrivé à Finn, il s'était jeté à corps perdu dans son travail.

« Ton père est un bon chirurgien, tu sais », lui répétaient les gens au début, comme si ça pouvait la consoler. Puis c'était devenu : « Ton père est un excellent chirurgien, tu sais. »

L'année de ses douze ans, les dîners en famille n'étaient plus qu'un lointain souvenir. Maintenant qu'ils se retrouvaient à trois, ils n'avaient plus vraiment l'impression de former une famille. Jo mangeait chez Ama dès qu'elle en avait l'occasion. À la maison, elle avalait une pizza congelée en compagnie de Mona, la femme de ménage, ou alors sa mère commandait un repas chinois ou mexicain.

Jo ne faisait presque plus rien avec son père. Il la regardait à peine. Il ne mettait jamais les pieds dans sa chambre. Un jour, il avait dû réparer les toilettes de sa salle de bains. Il était tout gêné, comme s'il débarquait sur une autre planète. Elle espérait qu'il était plus doué pour régler les problèmes de ses patients que ceux de sa tuyauterie.

– C'est dur pour un père de voir sa petite fille grandir, avait affirmé sa grand-mère Mary.

– Je crois qu'il ne me voit même pas, avait répliqué Jo.

Elle avait l'impression d'avoir perdu son père, d'une certaine façon. Polly n'en avait jamais eu, elle n'avait rien à perdre.

– Il est parti avant de te connaître, lui avait-elle dit, au moins, tu ne peux pas te dire que c'est ta faute.

Polly, visiblement choquée, n'avait pas su quoi répondre. Elle n'en avait pas reparlé de toute la semaine. Puis elle avait affirmé :

– Tu sais, je suis sûre que s'il t'arrivait quelque chose, ton père serait là pour t'opérer.

Jo avait voulu s'esclaffer, mais le rire était resté coincé dans sa gorge. Elle avait vite embrayé sur la super crème contre les boutons qu'elle avait découverte. Polly avait touché un point sensible. Le père de Jo avait beau être un excellent chirurgien, il n'avait pas réussi à sauver Finn.

– Tu sais ce que tu veux manger ? lui demanda son père en tentant de couvrir le brouhaha du restaurant mexicain situé à une centaine de mètres de l'arrêt de bus où il était venu la chercher.

Jo était plongée dans la lecture de son menu défraîchi. Elle n'était pas pressée de se décider. Au moins, ça leur donnait un sujet de conversation.

– J'hésite encore, dit-elle après avoir détaillé tous les plats en lui demandant chaque fois son avis.

Elle jeta un regard autour d'elle et ne put s'empêcher d'admirer la technique et l'efficacité des serveurs. C'était des adultes, des gens qui connaissaient leur métier, contrairement aux amateurs du *Surfside*. Elle avait presque envie de se faufiler en cuisine pour glaner quelques trucs et astuces de pro.

– Alors, ton boulot ? lui demanda justement son père.

Il passa la main dans ses cheveux, grisonnants, et clairsemés sur les tempes, mais avec encore assez de blond vénitien pour qu'elle sache d'où venaient les siens. Il portait un costume sombre et bien coupé, comme l'excellent chirurgien qu'il était.

Elle ne se rappelait pas lui avoir dit qu'elle travaillait. C'était peut-être sa mère qui l'avait mis au courant.

Et si elle essayait de le coincer ? « Alors, je fais quoi comme boulot ? avait-elle envie de lui demander. Bon, d'accord, et dans quel restaurant ? » Elle l'imaginait à un jeu télévisé, « le Jo-quizz ». Toutes les questions concerneraient la vie de sa fille et chaque mauvaise réponse serait sanctionnée par un affreux coup de buzzer. Finalement, elle décida de l'épargner.

– Ça va, répondit-elle vaguement.

– Tant mieux.

Elle le trouvait pâle. Il plissait par instant le front, comme si le vacarme lui écorchait les oreilles. Il ne sortait peut-être pas souvent de son hôpital.

Ils fixèrent leurs menus pendant encore une bonne minute, puis le serveur s'approcha de leur table. Son père leva les yeux vers elle. Fidèle à la galanterie sudiste, il aurait préféré lui donner un coup de fourchette plutôt que de passer commande avant elle.

– Je vais prendre des enchiladas verdes, annonça-t-elle.

Elle grignota une tortilla, refermant son menu à regret.

Après avoir pris la commande de son père, le serveur s'éloigna, les laissant dans un silence gêné. Son père tripotait ses couverts. Elle retenait son souffle. Elle n'arrivait même pas à déglutir pour avaler sa tortilla.

– Jo.

– Oui.

– Il faut que je te parle…

C'était parti. Elle n'avait pas vraiment envie de l'autoriser à poursuivre, mais elle ne pouvait pas non plus se lever et partir.

– C'est au sujet de moi et ta mère.

Elle se mordit les lèvres. « De ta mère et moi », avait-elle envie de corriger. En tant qu'excellent chirurgien, il aurait dû savoir qu'il était plus poli de formuler les choses ainsi. Elle n'était pas très bonne élève. Elle n'était excellente en rien. Mais elle savait tout de même ça.

Il continuait à aligner tout ce qui lui tombait sous la main : son set de table, son verre…

– Nous allons… nous allons nous séparer pendant quelque temps… à l'essai.

Elle reprit une tortilla. Elle arriverait peut-être mieux à les avaler par deux.

– Ta mère va passer l'été au bord de la mer avec toi tandis que je resterai ici.

– Dans ce restaurant ?

Elle n'aurait pas dû dire ça, c'était idiot.

– À Bethesda, Jo.

– Mm... je ne vois pas ce que ça change, murmura-t-elle.

Il fallait reconnaître qu'il était patient, au moins. C'était l'une de ses principales qualités – il ne réagissait pas à ses provocations, même lorsqu'elle était insolente.

– Comme je te le disais, c'est à l'essai, poursuivit-il en essuyant ses lunettes avec sa serviette.

Elle put un instant voir son regard sans la barrière des verres. Elle ne s'attendait pas à des yeux si tristes, si marqués. Elle détourna la tête.

– Nous en rediscuterons à la rentrée. Je prendrai peut-être un appartement pas loin de la maison si nous jugeons que c'est nécessaire. Mais quoi qu'il arrive, tu n'auras pas à déménager.

Était-ce le plus important pour elle ? Ne pas déménager ? Et puis qui allait « juger » ce qui était « nécessaire » ? Que signifiait ce « nécessaire » ? Qu'il ait au moins le courage de l'admettre : ce qui comptait, c'était ce qu'il voulait. Pas ce qui était nécessaire ou pas. Il essayait de donner un caractère officiel à la chose, mais ça n'avait rien d'officiel, c'était leur choix à tous les deux.

– On se verra toujours. Ça ne changera rien.

« Si on se voit, ce sera un sacré changement, si ! » pensa-t-elle sans oser le dire.

Les plats arrivèrent. Jo découpa très proprement ses enchiladas en petits cubes bien nets, tranchant dans le méli-mélo de fromage gratiné.

– Je comprends, dit-elle d'un ton léger. C'est bon. Pas de grand changement. Tu ne viendras pas à la mer. Et peut-être que vous allez divorcer. Ou pas.

Elle haussa les épaules sans attaquer son plat.

Elle se demandait quels étaient les plans de son père, maintenant qu'il s'était débarrassé de sa femme et de sa fille. Rêvait-il depuis longtemps de retrouver sa liberté ? Il allait probablement sortir avec une jeune infirmière. Un excellent chirurgien comme lui ne devait pas manquer de sollicitations. Elle allait se retrouver avec une belle-mère à peine plus âgée qu'elle. Il ferait la fête tous les soirs et ne rentrerait jamais chez lui. Il dormirait sur le canapé de son bureau. Il irait en soirée avec les internes, se mettrait à porter des vêtements de jeune et lui piquerait des morceaux sur son IPod pour avoir l'air cool.

– J'aimerais que tu reviennes une fois par semaine dîner avec moi, cet été, reprit-il d'une voix un peu différente.

Elle porta sa serviette à sa bouche et baissa les yeux.

« Tu peux rêver, pensa-t-elle. Tu serais bien embêté si j'acceptais, de toute façon. Qu'est-ce que tu ferais ? Tu annulerais une opération pour me voir ? Tu te donnerais vraiment la peine de rentrer à temps pour dîner ? » La seule chose que prouvait cette séparation, c'est qu'ils étaient déjà séparés.

Elle hocha la tête.

– OK, pas de quoi en faire toute une histoire. Je suis sûre que ça ne changera pas grand-chose.

Il acquiesça également. Il avait l'air franchement soulagé qu'elle le prenne ainsi. Il redoutait les cris et les larmes. Il devait être ravi de s'en sortir aussi bien. Sans un mot, elle piqua un morceau avec sa fourchette.

Lorsqu'il réclama l'addition, elle se demanda si c'était une bonne chose qu'il soit si patient, finalement. Elle était peut-être idiote de faire mine de s'en moquer, mais il était carrément stupide de la croire.

En latin, saule se dit salix,
du verbe salire, « sauter ».

CHAPITRE 7

Ama ne voulait pas s'asseoir trop près du feu de camp à cause des étincelles. Il suffirait d'une seule flammèche pour embraser son énorme touffe de cheveux. Elle frissonna sous sa polaire. Mieux valait finir congelée que brûlée vive.

Elle était gênée de ne pas avoir davantage participé à la préparation du repas, mais elle avait la phobie des ouvre-boîtes. Du coup, elle n'osait pas manger... et elle avait encore plus froid !

Dan surgit sous son nez, son appareil photo à la main. Visiblement, il s'était autoproclamé reporter de l'expédition.

– Bien, on va faire une photo de groupe autour du feu de camp. Rapprochez-vous un peu et souriez, d'accord ?

Ama fit la grimace. Pas question qu'elle bouge ni qu'elle esquisse le moindre sourire.

– Allez, dites *cheese* ! Dites marmelade ! Dites ouistiti ! insista-t-il.

Elle le fixa d'un œil noir. Elle n'avait aucune envie de faire semblant d'être heureuse ou détendue.

Noah, lui, sourit à l'objectif avant de reprendre sa conversation animée avec Maureen. Il avait l'air vraiment sympa. Elle regrettait d'avoir été si sèche avec lui cet après-midi.

Selon Jo, elle se montrait désagréable avec les garçons qu'elle n'aimait pas – ce qui était sans doute vrai. Mais Ama venait de réaliser qu'elle était encore plus odieuse avec ceux qui lui plaisaient.

Elle tenta de s'intéresser à ce qui se passait autour d'elle.

– On ne va pas faire toute une histoire pour décider qui partage la tente de qui, venait d'annoncer Jared. Si celui ou celle qui se trouve à votre droite est du même sexe que vous, vous êtes ensemble. Sinon, tournez-vous vers la gauche. En cas de problème, c'est moi qui tranche. Et on ne se met pas avec son copain ou sa copine, s'il vous plaît.

Ama était assise à l'écart, sans voisin de droite, ni de gauche. Le temps qu'elle s'approche, toutes les filles étaient déjà par deux. Ça lui rappelait les cours de sport, quand personne ne voulait la prendre dans son équipe... Que de bons souvenirs ! Bizarrement, ça se passait beaucoup mieux lorsqu'il fallait choisir un partenaire pour une expérience de chimie ou un exposé d'histoire-géo.

– Tu es avec qui, Ama ? cria Jared de l'autre côté du feu de camp.

Soudain, tous les regards se tournèrent vers elle.

Elle avala sa salive.

– Personne.

– Qui est encore seul ? demanda-t-il à la ronde.

Un garçon fluet leva la main. Il fallait avoir quatorze

ans minimum pour participer à ce camp, mais elle lui en aurait donné sept.

– Ah, non, ça ne va pas, décréta Jared.

Il les compta.

– Il nous manque deux personnes. Où sont passés Carly et...

– ... Jonathan, compléta l'un des garçons.

– Exact.

Jared se tourna vers Ama.

– Bien, tu vas te mettre avec Carly. Et toi, Andrew, tu seras avec Jonathan. Comme ça, c'est réglé.

Ama avait repéré Carly. Une fille à forte poitrine, avec un rire peu discret et des réserves inépuisables de chewing-gums.

Elle était en train de se demander où sa nouvelle voisine avait bien pu passer, quand quelqu'un entonna une chanson. « S'il y en a un qui sort une guitare pour grattouiller deux accords autour du feu de camp, je meurs », pensa-t-elle. Trouvant le moment bien choisi pour aller faire pipi, elle s'enfonça d'un pas hésitant dans l'obscurité. Elle voulait s'éloigner assez pour faire ce qu'elle avait à faire tranquillement, mais pas trop quand même, pour ne pas risquer d'être dévorée par une bête sauvage, dans l'indifférence générale.

– Oups !

Elle avait trébuché sur un truc. Elle tituba et s'étala de tout son long.

– Ouille ! Regarde où tu vas, enfin ! siffla une voix de fille.

– Désolée, murmura Ama, tentant de distinguer une silhouette dans la pénombre. Je n'avais pas vu...

Elle laissa sa phrase en suspens tout en se relevant tant bien que mal.

Ses yeux s'accoutumant à l'obscurité, elle découvrit que ce n'était pas une personne, mais deux, qu'elle avait heurtées. Un garçon et une fille. Et pas besoin d'être médium pour deviner ce qu'ils fabriquaient, cachés dans les buissons.

– Désolée, répéta-t-elle.

Elle s'éloigna à reculons, toute gênée. Maintenant, elle savait où était passée Carly. Et Jonathan aussi. Les choses commençaient mal avec sa compagne de tente.

Le car qui ramenait Jo sur la côte était presque vide. Son père avait insisté pour qu'elle passe la nuit à Bethesda, mais ça ne lui disait rien. Elle avait menti, prétextant qu'elle commençait le boulot à neuf heures et demie le lendemain et qu'il fallait donc absolument qu'elle rentre ce soir. Il avait proposé de la reconduire, mais elle avait affirmé que ça ne la dérangeait pas de prendre le car. En plus, sa mère l'attendait là-bas.

Il était tard, ça roulait bien.

Bien au chaud, dans le noir, elle sentait les kilomètres défiler sous ses pieds pour l'emporter loin, toujours plus loin de ce restaurant mexicain. Ailleurs. N'importe où.

Dans la nuit, elle ne voyait rien, elle aurait pu se trouver à l'autre bout du monde.

Elle glissa ses pieds sous ses fesses et se prit la tête entre les mains. Elle aurait voulu que ce trajet ne finisse jamais. Retarder le moment où elle se retrouverait face à sa mère, guettant sa réaction à la grande nouvelle. Elle voulait rester là, dans l'entre-deux.

En appuyant sa joue contre la vitre, elle remarqua qu'il y avait quelqu'un une rangée plus loin, de l'autre côté de l'allée. Un ado, semblait-il. Un garçon. Elle n'apercevait que le bout d'une oreille, une joue et une épaule dans la pénombre. Mais parfois, il suffit de pas grand-chose pour deviner qu'un garçon est pas mal. Elle avait l'impression que cette oreille appartenait à un mec pas mal du tout.

Elle se pencha encore un peu pour mieux voir, manquant se cogner dans le siège de devant quand, soudain, il se retourna vers elle. Elle étouffa un petit cri.

Il lui sourit. Elle se redressa vite, avec l'impression d'être prise en flagrant délit. Il lui fit signe. Machinalement, elle lui répondit. Son cœur battait à tout rompre.

L'oreille ne l'avait pas trompée. Il était vraiment pas mal. Il avait deux ou trois ans de plus qu'elle et un sourire à mourir. En tout cas, c'est ce qui lui semblait dans la pénombre.

Elle baissa les yeux, espérant reprendre une couleur plus décente. Quand elle les releva, il était planté devant elle, dans l'allée.

– La place est libre ? demanda-t-il galamment en désignant le siège voisin.

Elle rit parce qu'ils étaient pratiquement seuls dans le bus, au milieu d'une cinquantaine de sièges vides. Elle rit parce qu'ils étaient à mi-chemin entre la ville et la mer, et que personne ne monterait entre-temps. À la fois gênée et électrisée, elle aurait sans doute continué à rire même s'il lui avait marché sur le pied.

– Oui, répondit-elle enfin.

– Ça t'ennuie ? demanda-t-il en s'asseyant juste à côté d'elle.

– Non, répéta-t-elle. Fais comme chez toi.

Il était vraiment, vraiment mignon. Et tellement près qu'elle aurait pu compter ses cils. Il y a une minute, elle était seule au monde, et voilà qu'elle se retrouvait tout contre lui. Comme si elle l'avait fait apparaître d'un coup de baguette magique.

– Tu vas sur la côte ? demanda-t-elle.

Question stupide. C'était le seul arrêt.

– Non, à Baltimore. Mince, je me suis trompé de bus !

Il la taquinait. Avec un sourire pareil, forcément, il pouvait la taquiner. Elle aurait aimé que le sang qui battait à ses tempes aille irriguer son cerveau pour lui redonner un soupçon d'intelligence. Elle allait en avoir besoin.

Elle tripota nerveusement sa boucle d'oreille.

– À mon avis, la côte, c'est plus sympa que Baltimore pour passer l'été.

Il haussa un sourcil.

– Ah, bon ? C'est là que tu vas, toi ?

Elle se sentit à nouveau bête. Elle avait le choix : fixer l'obscurité par la fenêtre en rougissant ou trouver une bonne réplique.

– Eh oui, bien vu, répondit-elle.

– Ah, alors j'ai pris le bon bus.

Elle faillit avaler sa langue.

– Moi aussi, murmura-t-elle plus timidement qu'elle ne l'aurait voulu.

À sa grande surprise, il lui prit la main et la plaqua contre la sienne pour les comparer.

Les yeux écarquillés, le souffle court, elle attendait son jugement.

– Tu as de belles mains, déclara-t-il, des doigts fins.

Il l'admirait comme un bijou précieux et elle le laissa faire, ravie, oubliant que cette main lui appartenait.

Elle aurait voulu qu'il la garde, mais il la reposa sur ses genoux. Jo la fixa. Cette main lui paraissait étrangère, comme si elle revenait d'un long voyage à travers le vaste monde. Un peu comme un oisillon que sa mère ne reconnaît plus quand un humain l'a touché.

Il se tourna face à elle. Son genou effleura le sien. Il la dévisagea attentivement avant de décréter :

– Tu fais... du foot.

Elle allait de surprise en surprise.

– À quoi tu vois ça ?

Il rompit le charme en s'esclaffant.

– J'étais sûr que tu pratiquais un sport. Le foot, c'est le plus commun.

Elle hocha la tête, comme si c'était une évidence.

– Tu fais de la natation, hasarda-t-elle.

– Qu'est-ce qui te fait dire ça ?

Elle désigna son crâne.

– Tu as les cheveux verts.

Elle craignit un instant d'être allée trop loin, mais il éclata de rire. Elle aurait aussi pu lui dire qu'elle avait remarqué sa carrure mais, visiblement, il n'avait pas besoin d'être rassuré sur son physique.

– Je me fais des couleurs. Nuance moisissure, algue ou morve, ça dépend. Ça te plaît ?

Elle rit. Oui, ça lui plaisait.

– Alors, Boucle d'Or, reprit-il en la tirant par la manche, tu prends souvent ce bus ?

– C'est la deuxième fois aujourd'hui.

– Ah bon ?

– Mm.

Soudain, des images du dîner avec son père, les mots qu'il avait prononcés envahirent son esprit, anarchiquement. Ça lui paraissait si loin, maintenant. Et tant mieux.

Elle n'avait pas envie qu'il creuse le sujet. Mais il n'en avait pas l'intention. Il la dévorait des yeux.

– Tu es canon.

– Non, c'est toi, répliqua-t-elle, épatée par sa propre hardiesse.

Elle sentait sa chaleur tout contre elle.

Alors, il allait essayer de l'embrasser, direct, comme ça ? Et elle allait se laisser faire ?

Elle avait l'impression d'avoir quitté son propre corps. Elle se voyait jouer dans un film où elle était du genre à flirter avec un bel inconnu et même à l'embrasser. C'était un bon film, pensa-t-elle en sentant ses lèvres se poser sur les siennes.

Le premier baiser était léger, comme une question, puis quand il constata qu'elle n'était ni choquée ni réticente, il prit son visage entre ses deux mains et l'embrassa à pleine bouche. La nuque plaquée contre l'appuie-tête, elle osa le prendre par le cou. Ses cheveux lui chatouillaient la paume, elle sentait son pouls battre sous ses doigts. À moins que ce ne soit le sien. Son souffle était brûlant. À moins que ce ne soit le sien. Sous son autre main, elle sentait la douceur de son pull, un truc en laine avec un cordon au col et des bitoniaux en bois, le genre qu'aiment les surfeurs, les skaters ou les fumeurs de joints.

Il l'embrassa sur le menton, sous le menton, dans le cou. Elle allait mourir, elle allait exploser. Non, exploser, puis mourir. « C'est dingue ce qui se passe dans ce film », constata-t-elle, avec détachement.

Elle n'était plus qu'un paquet de cellules nerveuses. Il avait les lèvres tellement chaudes qu'elles réchauffaient les siennes. Elle avait toujours eu peur de ne pas embrasser comme il fallait, mais finalement ses lèvres semblaient savoir ce qu'elles faisaient. Et, de toute façon, sa bouche à lui était assez aventureuse pour deux.

Elle remarqua vaguement que le bus quittait l'autoroute. Lorsqu'il s'arrêta, ils se séparèrent. Le garçon lui lança un regard plein de sous-entendus avant de plaquer un dernier baiser sur ses lèvres.

– Rehoboth, plage, annonça le chauffeur.

La porte s'ouvrit. Il l'aida à tirer son sac du porte-bagages et la regarda tituber dans l'allée. Elle espérait qu'il descendait à l'arrêt suivant, au centre-ville. Comme ça, elle n'aurait pas à faire semblant de ne pas le connaître ou pire à le présenter à sa mère. Elle ne se retourna même pas. Les genoux flageolants, le cœur battant, elle gardait les yeux rivés droit devant elle.

Elle avait l'impression d'avoir trop bu. Elle secoua la tête pour se ressaisir. Sa mère l'attendait dans sa voiture. Jo s'efforça de refaire surface.

« Qu'est-ce que tu viens de faire ? se demandait-elle en inspirant l'air frais de la mer. Qu'est-ce qui s'est passé ? »

Elle aurait tellement aimé pouvoir rentrer à pied, rester dans ce brouillard grisant, plutôt que de devoir sortir de sa bulle pour affronter sa mère. Elle se demandait si elle remarquerait quelque chose, ses joues écarlates, ses mains tremblantes. Elle avait l'impression que ça se lisait sur son visage.

Chère Grace,

J'essaie de trouver un truc positif à te raconter. Franchement. Mais tout ce qui me vient à l'esprit, ce sont mes pieds couverts d'ampoules, mes cheveux calamiteux (on m'a confisqué mon démêlant et mon fer à lisser dès le premier jour), la traînée avec qui je partage ma tente, les soirées pourries passées à chanter autour du feu de camp, la nourriture infâme, le bus cahotant, les interminables kilomètres de randonnée et les flatulences (un mot scientifique pour désigner les pets) du gars avec qui je dois faire la cuisine. En bref, tout le monde me déteste et je les déteste encore plus.

Attends, je viens de penser à quelque chose. J'aime le gorp. C'est un truc qui se mange (les randonneurs adorent avoir leur petit jargon), mélange de fruits secs et de M + M's. Enfin, je ne mange que les M + M's.

Je ne veux pas avoir l'air de me plaindre, mais c'est plus fort que moi. Les journées n'en finissent pas de ne pas finir, le temps me paraît atrocement long.

Et toi, tu te plais à Andover ? J'aimerais tellement être avec toi.

Bisous,

Ama

PS : La fille avec qui je partage ma tente, Carly, est sortie avec trois garçons en quatre jours. Tu vois, je n'exagère pas.

Chère maman,

Tout va très bien. J'apprends des tas de choses et les journées sont bien remplies. Embrasse papa et Bob de ma part. Et dis bonjour à Esi quand tu l'auras au téléphone.

Grosses bises,

Ama

CHAPITRE 8

– Dia ?

Si Polly voulait parler à sa mère le matin, il fallait viser juste entre le moment où elle se réveillait et celui où elle partait pour l'atelier.

Dia leva les yeux de son grand bol de café. Elle avait encore les yeux gonflés de sommeil.

– Hé, ne m'agresse pas comme ça dès le petit déj'.

C'était une règle primordiale : Polly était du matin, pas sa mère. Le temps qu'elle sorte du lit, sa fille, qui était debout depuis longtemps, bouillonnait déjà de questions retenues. Et elle avait du mal à tenir sa langue en attendant qu'elle émerge.

– Non... je ne t'agresse pas. Je voulais juste te demander un truc, se défendit-elle.

Elle frotta ses pieds l'un contre l'autre sous la table de la cuisine.

– D'accord. Vas-y.

– Je pourrais faire un stage de mannequinat à Gaithersburg en juillet ?

– *Quoi ?*

– Un stage de mannequinat. C'est seulement à une

demi-heure d'ici, j'ai regardé sur un plan. Et je pourrais payer avec l'argent de mes baby-sittings. C'est du lundi au vendredi de neuf à seize, pendant deux semaines. Il y a plein de top models célèbres qui sont passés par là.

– *Un stage de mannequinat ?*

– Mm.

Polly émietta nerveusement sa tartine.

– Et en quoi ça consiste, un stage de mannequinat ?

– C'est pour... pour apprendre à devenir mannequin.

– Ou à y ressembler, murmura Dia.

– Quoi ?

– Rien. Où as-tu pêché cette idée ? Tes amies y vont aussi ?

– Non.

Polly lui avait expliqué plusieurs fois ce que Jo et Ama avaient prévu pour l'été, mais elle avait dû oublier.

– J'ai trouvé ça sur Internet.

– Pourquoi ?

– Pourquoi quoi ?

– Pourquoi voudrais-tu faire un truc pareil ? Tu veux vraiment devenir mannequin ?

Polly émietta les miettes de sa tartine. Au fil de la conversation, elle se rendait compte que sa mère ne soutiendrait jamais son projet. Dia répétait à qui voulait l'entendre qu'elle était féministe, tout comme sa fille. Elle détestait les magazines people et la plupart des émissions de télé qui donnaient, selon elle, une image dégradante de la femme. Polly, qui adorait ce genre de trucs, craignait sans oser l'avouer de ne pas être aussi féministe qu'elle l'aurait voulu.

– Eh bien, je me suis dit que ça pourrait être intéressant, balbutia-t-elle.

L'expression de sa mère se radoucit un peu. Elle prit une longue gorgée de café avant de demander :

– Tu crois que tu as le physique qu'il faut ? Je croyais que les mannequins étaient tous immenses ?

– Je n'ai pas terminé ma croissance. Je serai peut-être grande.

– Polly, je fais à peine un mètre soixante. Tu ne dépasseras jamais le mètre soixante-dix.

Elle aurait voulu demander combien mesurait son père, mais elle avait peur que sa mère se braque.

– Tous les mannequins ne sont pas forcément grands… ceux qui font les photos de mains, par exemple.

– Tu veux faire des photos de mains ? s'étonna sa mère.

– Non. Enfin, je n'en sais rien.

Polly s'empressa de cacher ses ongles rongés sous la table.

Dia soupira, l'air las.

– Tu as peur de t'ennuyer, cet été ?

– Ce n'est pas ça. Je pensais juste que ça pourrait être… intéressant.

– Polly, ce n'est pas intéressant d'être mannequin. Toi, tu es intéressante. Tu es bien trop intéressante pour ce genre de boulot, si tu veux mon avis. As-tu vraiment envie qu'on te juge sur ton apparence ?

– Je pense que ça va plus loin que ça, dit-elle. C'est une sorte de… de travail d'actrice en fait.

Elle se défoula de nouveau sur sa tartine.

– Et puis, je vais étudier la mode. Ça m'intéresse beaucoup. Sur le site, ils disent qu'il y a également des cours de photo et de gym.

– Attention, tu mets des miettes partout !

Polly posa sa tartine et épousseta soigneusement ses mains au-dessus de son assiette.

– S'il te plaît, je peux m'inscrire ? Je me débrouillerai toute seule pour y aller et revenir en métro. Tu n'auras rien à faire.

Dia soupira à nouveau, plus fort cette fois.

– Je ne sais pas…, répondit-elle, mais elle avait son ton résigné.

Autrefois, Polly avait plus de mal à atteindre son but, mais elle avait perfectionné sa technique au fil du temps.

– Je vais y réfléchir, reprit sa mère.

– D'accord.

Polly eut l'intelligence de ne pas manifester sa joie. « Je vais y réfléchir » voulait dire oui. « Peut-être » voulait dire probablement. « Non » signifiait qu'elle devrait encore déployer quelques efforts pour la convaincre.

– Tu ne manges pas ?

Polly fourra un morceau rescapé de tartine dans sa bouche.

– Si, si.

Jo se réveilla avec la gueule de bois. Elle avait les lèvres gonflées, les joues irritées et la conscience un peu de travers. Elle avait entendu dire qu'une séance de baisers fougueux pouvait avoir ce genre d'effets secondaires mais elle n'en avait encore jamais fait l'expérience.

– Joseph, tu t'occupes des couverts, ordonna Jordan, l'assistant boutonneux et fan de solitaire qui aurait préféré ne pas l'engager.

Il adorait l'envoyer en cuisine gérer assiettes, fourchettes et couteaux, lorsque l'un des plongeurs était absent.

Elle hocha la tête et, sans sortir de sa rêverie, obéit machinalement.

– *Hola*, Hidalgo ! lança-t-elle au cuisinier qui se préparait devant son casier.

Ce n'était pourtant pas son premier baiser. Elle était sortie plusieurs fois avec Arlo Williams en soirée, l'an dernier.

Mais c'était différent. Avec lui, il n'y avait eu aucun effet secondaire. Embrasser Arlo, c'était un peu comme boire une bière alors qu'embrasser…

Une minute. Jo se mordit les lèvres. Embrasser… qui ? Comment s'appelait-il ?

Oh, non ! Elle ne savait même pas son nom ! Peut-être qu'il le lui avait dit et qu'elle avait oublié ? Non, elle s'en serait souvenue. Lui avait-elle donné le sien ? S'était-elle abandonnée à cette folle étreinte sans même s'être présentée ?

Waouh. Elle ne put s'empêcher de penser à Ama. Qu'aurait-elle dit de tout ça ? Jo préférait ne pas le savoir. Heureusement, ce soir, c'était Bryn qu'elle allait voir et pas Ama. Bryn la comprendrait, elle. Il lui suffirait d'affirmer « Il était canon », son amie se contenterait de cette explication. Jo avait même hâte de tout lui raconter, elle allait être épatée. Bon, elle passerait sous silence le fait qu'elle ne connaissait même pas son nom. C'était un peu *too much*, même pour Bryn.

Jo sortit la vaisselle propre de la machine et empila distraitement les assiettes sur le chariot. À cette heure matinale, il n'y avait encore personne dans la cuisine, et c'était tant mieux. Elle appréciait d'être un peu seule. Par chance, sa mère dormait encore lorsqu'elle était sortie aux aurores courir et piquer une tête dans l'océan. Elle était revenue sans bruit prendre une douche et se préparer avant de partir travailler.

– Il t'a dit ?

C'était les seuls mots que sa mère avait prononcés dans la voiture la veille au soir. Jo avait acquiescé et la discussion s'était arrêtée là. Elle était allée se coucher sans une pensée pour sa mère, son père ou ce qu'il lui avait annoncé. Elle s'était endormie en se repassant le film du bus.

Elle referma l'énorme lave-vaisselle industriel en claquant la porte.

D'accord, elle avait embrassé un parfait inconnu. OK, elle ne connaissait même pas son nom. Et alors ? On a bien le droit d'échanger quelques baisers fougueux avec qui on veut, non ? C'est sans conséquence, un baiser, hein ?

Oui, sans conséquence aucune. En plus, cette aventure n'aurait pas de suite. Elle ne reverrait plus jamais ce mec de sa vie et ça valait sans doute mieux.

– Ama, tu devrais être un peu plus décontractée.

Voilà ce que Jared lui avait dit au petit déjeuner. Des

heures plus tard, elle ressassait encore sa remarque. Ce n'était pas le premier à lui dire ça. Jo le lui avait dit. Polly ne l'avait pas exprimé aussi clairement, mais elle le pensait sûrement. En revanche, Grace ne lui avait jamais dit ce genre de choses. Ni ses camarades du cours de maths pour surdoués. Ni ses parents. Et sa sœur encore moins.

Qu'est-ce que ça signifiait, hein ? Quel intérêt y avait-il à être décontractée ? Est-ce que ça permettait d'avoir les meilleures notes ? Ou de parler couramment quatre langues ? D'entrer à Princeton ou d'obtenir une bourse pour faire médecine ?

La décontraction était l'une des nombreuses choses qu'Ama ne pouvait pas se permettre, comme manger du pop-corn au cinéma ou porter des jeans de marque. C'était sans doute, comme la randonnée, un vague concept, un truc sans aucun intérêt d'un point de vue pragmatique.

Autour des dernières braises du feu de camp, Ama remarqua que Noah était en train de la regarder. Les joues brûlantes, elle baissa les yeux. Elle ne pensait qu'à ses cheveux. « Si je n'avais pas cette tête de folle, je lui sourirais. Oui, je lui parlerais, même. »

– Nous allons nous entraîner pour la descente en rappel, annonça Dan, le barbu, au groupe à demi assoupi.

Ama était épuisée. Chacun des treize kilomètres qu'ils avaient parcourus à travers une forêt touffue lui avait laissé une ampoule en souvenir.

– Il s'agit d'une falaise de cent mètres, il faut donc

vous habituer à manier cordes et baudriers ainsi que vous familiariser avec l'altitude.

Ama leva la main. Dan se tourna vers elle.

– Pas besoin de lever la main, Ama.

Elle baissa le bras, gênée. Ce n'était pas la première fois qu'on le lui faisait remarquer. Elle toussota.

– C'est quoi, le rappel ?

– La manière la plus sûre et la plus rapide de descendre une falaise ou une paroi escarpée. En haut, on attache ta corde à la roche, et ton assureur te donne du mou au fur et à mesure de la descente. Pour la première fois, mieux vaut ne pas aller trop vite, ajouta-t-il en regardant Jonathan, le casse-cou du groupe.

Ama se retint juste à temps de lever la main et demanda :

– C'est quoi, un assureur ?

– Votre assureur est votre coéquipier, celui en qui vous devez avoir toute confiance. Il vérifie que la corde est bien attachée et la libère petit à petit pour vous faire descendre. Vous avez intérêt à être sympa avec lui, votre vie est entre ses mains.

Elle sentit son cœur s'emballer. Elle n'avait été sympa avec personne depuis le début de la rando. À qui pourrait-elle bien confier sa vie ? Elle eut une vision d'horreur : son corps tombait comme une pierre pour s'écraser lamentablement au pied de la falaise.

Maureen prit la parole :

– Cette descente est en quelque sorte votre examen final. Ça comptera pour beaucoup dans votre note. Nous allons commencer à pratiquer l'escalade demain pour être sûrs que vous êtes bien préparés.

Une sirène retentit dans la tête d'Ama. Elle leva à demi la main avant d'avoir pu se retenir.

– Qu'est-ce que vous entendez par note ?

– Votre note pour ce stage.

– C'est noté ? Le stage est noté ? répéta Ama.

Elle était tout sauf décontractée.

– Oui, la plupart d'entre vous veulent cumuler des points pour leur entrée en fac, alors on doit vous noter. Ça ne me plaît pas beaucoup, mais c'est comme ça.

– Alors on va obtenir une note qui figurera dans notre dossier ? insista-t-elle.

– Si vous voulez que ça compte pour l'entrée en fac, oui.

– Mais on ne peut pas se contenter de mettre qu'on a suivi ce stage, sans préciser la note ? Un peu comme pour les options ?

– Non, Ama. C'est noté.

– Et il faut se jeter du haut d'une falaise pour avoir une bonne note ?

– On appelle ça une descente en rappel, corrigea Maureen, sans perdre patience.

Une fois sous sa tente, Ama resta les yeux grands ouverts, sans trouver le sommeil. Il faisait humide et son sac de couchage lui collait à la peau. Elle regardait les ombres défiler derrière la toile orange en se demandant s'il s'agissait d'une bête sauvage ou d'un ado.

Si sa première note de lycée était médiocre, elle en mourrait. Elle n'osait même pas imaginer la réaction de ses parents.

D'habitude, Ama adorait les notes. C'était simple et

concret. Elle était toujours déçue quand un prof disait : « Ne vous inquiétez pas, ce ne sera pas noté. »

En fait, elle aimait les notes parce qu'elle n'avait en général que des A. Elle adorait les A, leur air pointu et droit qui contrastait singulièrement avec la mollesse des B ou des C, tout en courbes. Mais comment pourrait-elle avoir un A à ce stage ? Impossible. Elle n'était pas faite pour ce genre d'activité. Ce n'était pas pour elle. Et si sa première note de lycée était un B ou, Dieu l'en préserve, un C ? Ou même pire ! Ça pouvait facilement être pire. Ama avait du mal à respirer, rien que d'y penser. Que dirait sa sœur ?

Une descente en rappel… Quel cauchemar !

Vers minuit, Carly se faufila sous la tente en compagnie d'un garçon. Ama se figea dans son sac de couchage.

– T'en fais pas, elle dort, chuchota Carly.

– T'es sûre ? répliqua le garçon.

On aurait dit la voix de Jonathan. Carly avait ramené Jonathan sous leur tente.

– Ouais, elle s'endort toujours tôt.

Ama avait envie de crier : « Non, je ne dors pas ! Comment pourrais-je dormir alors que je vais commencer ma scolarité au lycée avec un F ? »

Constatant qu'ils se glissaient tous les deux dans le duvet de Carly en gloussant, elle ferma les yeux. Elle aurait dû se manifester tout de suite, maintenant c'était trop tard. Elle resta immobile dans le noir, osant à peine respirer.

– T'as vu la crise qu'elle a piquée ce soir, pour les notes ? fit le garçon, sans doute Jonathan. Elle est complètement coincée, la pauvre fille. J'sais pas comment tu fais pour la supporter.

Il ajouta autre chose, si bas qu'elle ne comprit pas. Quelle humiliation.

Elle aurait nettement préféré dormir. Être n'importe où ailleurs sur cette terre. Elle détestait cet endroit.

La fermeture Éclair du duvet cliqueta. Carly ricana à nouveau. Puis ils se remirent à chuchoter.

Ama entendit juste sa voisine de tente conclure :

– Elle est plutôt sympa, quand on la connaît un peu. C'est une gentille fille, en fait.

CHAPITRE 9

Jo rentra du restaurant sans se presser ce soir-là. Lorsqu'elle franchit la porte, elle ne reconnut pas la maison qu'elle avait quittée quelques heures plus tôt. En entendant sa mère passer l'aspirateur dans le salon, elle comprit que son père ne viendrait pas ce week-end ni les suivants d'ailleurs. Elle s'efforça de chasser ses pensées, mais elles étaient là tout de même.

Le simple fait que son père ne vienne pas dormir une seule nuit dans cette maison modifiait complètement son statut. Ça devenait la maison de sa mère, Jo n'était plus qu'un meuble en garde.

Il suffisait de si peu – quelques nuits, une dizaine tout au plus – pour que ce ne soit plus une maison de famille. Un battement de cils, et tout s'écroulait. Et alors, qu'est-ce que ça pouvait lui faire ? Était-ce vraiment si terrible ? Le nom, l'étiquette n'était plus la même peut-être. Mais, pour elle, ça ne changeait pas grand-chose.

Elle avait eu sa tante Robin sur son portable durant la pause.

– Je suis désolée que tu te retrouves mêlée à tout ça, lui avait-elle dit.

– Ne t'en fais pas, ça va.

Elle n'était mêlée à rien, car il n'y avait rien. Son père était là-bas, sa mère était ici. Rien de nouveau à cela.

Elle monta dans sa chambre, ramassa ses chaussettes sales, vida sa corbeille à papier. Elle plia soigneusement son T-shirt du *Surfside* et le posa sur sa commode pour le lendemain. Elle fixa d'un œil mélancolique la seule trace de doigt qu'elle avait laissée sur la vitre. Elle était redevenue une touriste dans sa propre chambre.

Chère Esi,

On va être notés ! C'est l'horreur ! Ce sera ma première note de lycée. J'ai demandé à l'une des responsables si je pouvais valider le stage sans être notée, mais elle ne m'a même pas répondu. Qu'est-ce que je fiche ici ? Je devrais être à Andover ! Qu'est-ce que j'ai fait pour mériter ça ?

En plus, ma « colocataire », Carly, a fait venir un garçon dans notre tente et ils sont sortis ensemble alors que j'étais juste à côté ! Ils croyaient que je dormais ! Tu imagines ? Quelle traînée ! J'ai tout entendu, c'était dégoûtant. Heureusement, ils ne se sont pas déshabillés ni rien. Dan, l'un des responsables, a dû s'en douter parce qu'il a crié que chacun regagne sa tente immédiatement.

Pourquoi ce genre de trucs n'arrive qu'à moi, et jamais à toi, Esi ?

Bisous,

Ama

Sa lettre terminée, Ama la roula en boule et la jeta au feu. Elle avait quand même sa fierté. De toute façon, ça ne servait à rien, ils ne croiseraient pas une boîte aux lettres avant la semaine suivante.

En entamant cette énième journée de marche sans but et sans fin, Ama fixait le sol d'un œil soupçonneux. Elle avait beau le surveiller de près, il faisait preuve d'une grande inventivité pour la faire trébucher. Elle était censée observer les différentes essences d'arbre pour sa note de stage, mais elle n'osait pas lever la tête. Qu'à cela ne tienne, elle apprendrait à les distinguer d'après leurs racines.

Elle voyait toutes sortes d'insectes, en revanche. Et des tas de limaces aussi. Elle n'aurait jamais imaginé qu'il existait autant de variétés de limace sur terre. Elle se méfiait des bestioles, essayant de repérer celles qui risquaient de la piquer, voire de la tuer. Si la note avait porté sur les insectes, elle s'en serait sans doute pas mal sortie.

Jared lui avait donné un pansement spécial pour protéger ses talons et une paire de chaussettes supplémentaires.

– Waouh, Ama ! C'est la première fois que je vois des ampoules pareilles. Je ne sais pas comment tu fais pour marcher avec les pieds dans cet état !

Le truc de Jared avait fonctionné pendant les sept premiers kilomètres, mais ses ampoules devaient à nouveau saigner, car ses chaussettes lui semblaient tout humides dans ses chaussures.

Au bout de huit kilomètres, Ama s'était laissé distancer, et ensuite, elle était trop éreintée pour rattraper son retard. Lorsqu'elle rejoignit les autres, ils étaient rassemblés dans une clairière baignée par la lumière dorée de la fin d'après-midi, la tête en arrière, scrutant le ciel.

– Qu'est-ce que vous regardez ? demanda-t-elle à Maureen, en laissant son lourd sac à dos glisser au sol.

– On fait une pause avant d'attaquer la dernière partie. On campe là-haut ce soir.

– Là-haut ?

– Là-haut.

– Au sommet de cette montagne ?

– Oui, il n'y a qu'un kilomètre et demi, mais c'est escarpé.

Ama sentit les larmes lui monter aux yeux. Elle bloqua sa respiration pour les retenir. Comment allait-elle pouvoir gravir cette montagne ? Elle serra les lèvres pour les empêcher de trembler. Elle regarda son sac. Elle regarda ses pieds. Comment allait-elle faire ?

Elle s'aperçut alors que les autres se préparaient à repartir. Non ! Pas déjà ! C'est l'un des gros problèmes quand on est à la traîne : à peine a-t-on rejoint le groupe que la pause est déjà terminée. Si elle prenait le temps de grignoter un truc ou de boire une gorgée, elle serait perdue. Elle ne les rattraperait jamais.

– Ça va ?

C'était Noah.

Elle inspira profondément avant de répondre :

– Oui, oui.

– Tu veux un coup de main ?

– Non, non, ça va, répondit-elle d'une voix étranglée.

Elle réalisa soudain qu'elle allait fondre en larmes – c'était inévitable.

– Excuse-moi, murmura-t-elle en s'enfonçant entre les arbres.

Elle s'arrêta lorsqu'elle fut hors de vue et hors de portée de voix.

Elle pleura un bon coup, mais pas trop, de peur de ne plus pouvoir s'arrêter. Puis elle se moucha dans une feuille et se redressa. Lorsqu'elle regagna la clairière, les autres étaient partis. Ils serpentaient déjà à flanc de montagne. Elle chercha son sac partout, mais il avait disparu. Elle l'avait pourtant laissé là... Où était-il passé ?

Oh, non ! Qu'allait-elle faire sans duvet ? Sans vêtements ? Sans eau ? Il fallait qu'elle prévienne les animateurs. Elle était vraiment trop nulle.

Plissant les yeux, elle scruta la file de randonneurs, au loin, sur le sentier. Et elle s'aperçut que l'un d'eux, en tête du groupe, sans doute Noah, portait deux sacs au lieu d'un.

– Hé, Jo, t'as vu les nouveaux serveurs ? lui lança Bryn le lendemain alors qu'elle émergeait de la cuisine, écarlate et luisante de sueur, après avoir sorti la vaisselle de la machine.

– Non, pourquoi ?

– Tu comprendras quand tu les verras, affirma son amie d'un ton lourd de sous-entendus.

Chaque week-end, à mesure que l'été avançait et que la station se remplissait, le restaurant embauchait de nouvelles recrues.

– On sera au complet le 4 juillet, lui avait expliqué

Caroline, qui avait déjà plusieurs années d'expérience. En août, il commencera à y avoir des disputes et, un à un, les serveurs démissionneront ou seront renvoyés.

Jo avait quelques doutes sur ce qu'elle allait découvrir – Bryn sautait au plafond dès qu'elle voyait un garçon –, mais elle ôta tout de même son tablier.

– T'as vu le nouveau serveur ? lui demanda Megan lorsqu'elle s'assit à la table du personnel pour manger un sandwich au crabe avant de prendre son service.

– Non. Pourquoi vous me demandez toutes ça ?

La serveuse haussa les sourcils.

– Parce qu'il est super mignon. Enfin, ils sont mignons tous les deux, mais il y en a un qui est carrément canon.

Jo mordit dans son sandwich avant de répondre, la bouche pleine :

– Les garchons canon, cha ne m'intéresse plus.

– Ah oui ? répliqua Megan, intriguée.

– Mm.

– Tu es un peu jeune pour dire ça, non ?

Jo prit un air grave.

– Ch'en ai eu mon compte.

Megan éclata de rire. Elle était grande, assez carrée d'épaules, genre joueuse de hockey, mais elle avait un joli visage.

Jo jeta un coup d'œil à la pendule. Plus qu'une minute et il faudrait mettre le couvert. Elle engloutit le reste de son sandwich et se leva. Elle faillit percuter deux armoires à glace qui venaient d'entrer dans la salle, sans doute les deux fameux serveurs. Lorsqu'elle leva les yeux, à sa grande surprise, elle découvrit qu'elle en connaissait un. Son visage lui était indiscutablement familier, surtout la moitié inférieure.

Elle avait la bouche pleine de crabe et l'air hébété. Elle recula de quelques pas, sans le quitter des yeux, tentant de mâcher et d'avaler.

Celui dont elle connaissait le visage, mais pas le nom, mit quelques instants à réagir. Il avait visiblement du mal à se souvenir où il l'avait rencontrée, maintenant qu'il la voyait en plein jour, et à plus de cinq centimètres de lui.

D'abord perplexes, ses yeux étincelèrent de malice.

– Boucle d'Or ?

Elle avala tout rond sa dernière bouchée de crabe.

– Je m'appelle Jo, hoqueta-t-elle.

– Tu travailles ici ?

Megan et Bryn surgirent soudain à ses côtés.

– Vous vous connaissez ?

– Oh, que oui, répondit-il avec un grand sourire.

– Plus ou moins, fit-elle en regardant ses chaussures.

Polly n'avait pas de miroir en pied dans sa chambre, aussi attendit-elle, l'oreille collée à la porte, que le silence le plus complet règne dans le couloir avant de sortir en petite culotte pour foncer dans la salle de bains. Comme le miroir était accroché au-dessus du lavabo, elle se hissa dessus pour se regarder.

Elle se regarda et se regarda se regarder.

Elle avait du mal à se dire que la personne en face, dans la glace, c'était elle. Elle ne se reconnaissait pas. Elle avait toujours vécu sa vie sans penser à son apparence, sans penser à l'image qu'elle donnait. Elle ne se voyait pas du tout comme ça, en réalité.

Peut-être qu'elle n'était pas faite pour être mannequin, finalement ?

Imaginant que le miroir était un appareil photo, elle sourit. Mmm.

Elle allait s'acheter un kit de blanchiment. Ça ne rapprocherait pas ses dents de devant mais, au moins, ça ferait plus propre.

Elle se mit à genoux, en équilibre sur le bord du lavabo, pour essayer de voir le reste de son corps.

Elle n'avait jamais osé l'avouer à personne, mais elle faisait du 90D. Elle se figurait que, en ne l'ébruitant pas et en se tenant un peu voûtée, elle pouvait donner le change et passer pour un 90B, comme tout le monde.

Elle espérait prendre encore quelques centimètres ; en revanche, elle croisait les doigts pour que son tour de poitrine soit définitif. Si elle perdait quelques kilos, ses seins fondraient peut-être un peu. Au pire, elle pourrait toujours se faire opérer pour les diminuer.

Elle se demanda si sa grand-mère portait des bonnets D. À l'époque, c'était sans doute moins gênant pour les mannequins d'avoir de gros seins.

Polly avait les lèvres charnues et de grands yeux noirs. Son nez n'était pas particulièrement petit. Elle avait la taille fine, mais les hanches larges. Parfois, elle enviait les filles toutes menues, avec un corps mince sans rien qui dépassait. Elle avait l'impression que, chez elle, tout débordait de partout.

Elle avait le teint pâle et une peau presque parfaite. C'était une de ses grandes qualités. Mais en se penchant un peu plus près, elle découvrit deux minuscules boutons sur son menton. Oh, puis zut, à quoi servait le fond de teint, hein ? Tout le monde savait que les mannequins portaient une tonne de maquillage.

Elle commençait à avoir mal aux genoux. Elle se releva donc, lentement, pour tenter de se voir en entier, tanguant sur ses jambes, un pied de chaque côté du lavabo. Zut, son crâne frôlait le plafond.

Oh, non. Elle avait des sous-vêtements immondes. Comment osait-elle encore mettre cette vieille culotte en coton à fleurs violettes ? Ça ne faisait pas mannequin du tout. Elle ne pouvait pas juger de son physique avec une culotte pareille.

Elle descendit tant bien que mal de son perchoir pour la jeter et en changer. Elle retourna dans sa chambre et tira de sa commode un ensemble rouge et respectablement glamour qu'elle avait acheté chez *Victoria's Secret* avec Jo l'an dernier. Elle ôta la vieille culotte mais, au moment de la jeter à la poubelle, elle réfléchit. Maintenant qu'elle se retrouvait dans sa chambre, loin de ce miroir implacable, elle avait des scrupules. Elle l'aimait bien, cette bonne vieille culotte toute douce. Elle avait résisté à des centaines de lavages sans montrer le moindre commencement de trou ou d'élastique détendu. Elle avait toujours été gentille avec elle. En fait, c'était sa culotte la plus confortable – ce qui n'était pas le cas de tous les sous-vêtements. Jo l'avait poussée à mettre un string, une fois, sous un truc moulant, et ce n'était franchement pas agréable, quoi qu'on en dise.

Polly ne pouvait pas jeter cette culotte sans raison du jour au lendemain. Elle n'avait rien fait de mal. Ce n'était pas sa faute si elle n'était pas glamour. C'était sa nature de petite culotte en coton, voilà tout.

Au lieu de la mettre à la poubelle, elle la roula en boule et la fourra dans le fond de son tiroir.

Bon, elle ne pouvait pas la jeter, mais elle ne pouvait pas continuer à la porter non plus. Sauf le jour où elle n'aurait vraiment plus d'autre culotte propre. En tout cas, elle ne la mettrait pas pour son stage de mannequin.

Ama eut un mal fou à remercier Noah. Elle avait pourtant essayé à plusieurs reprises de s'approcher de lui, mais elle n'arrivait pas à articuler un mot.

Plus tard dans la soirée, elle alla s'installer, tranquille, au bord d'un ruisseau pour ôter ses chaussettes sanguinolentes. Mais il se trouve que Noah était justement en train de laver un peu de linge.

– Merci, lança-t-elle avant que les deux syllabes ne se ratatinent au fond de sa gorge.

– Y a pas de quoi, répondit-il.

Elle tenta de plonger ses pieds et ses chaussettes dans l'eau avant qu'il ne les voie, pour lui épargner cette vision d'horreur, mais raté. Il étouffa un cri en découvrant le massacre, et elle le comprenait. Entre ses cheveux et ses pieds, elle devait être terrible à voir. Il allait en faire des cauchemars, c'était sûr.

En parcourant le dernier kilomètre, le pied léger, soulagée de son fardeau, elle avait pensé à un truc. Cette idée l'avait aidée à grimper jusqu'au sommet. Noah pourrait être son assureur pour la descente en rappel. Comme ça, elle avait peut-être une chance d'en sortir vivante.

C'était un bon plan, mais il y avait une faille de taille. Il fallait qu'elle le lui demande, et jamais elle n'oserait.

L'écorce de saule contient de l'acide salicylique, le composant de base de l'aspirine, qui permet de soigner fièvre et douleurs depuis des millénaires. C'est aussi un excellent antiverrue.

CHAPITRE 10

– Paraît qu'il a une copine.

La voix forte de Sheba résonna dans les toilettes pour dames du *Surfside*, amplifiée par les murs carrelés et les box métalliques.

Jo se figea, les mains savonneuses.

– Qui est-ce qui te l'a dit ? demanda Violet Brody, une serveuse.

– Euh… je ne sais plus. C'est toi, Megan ?

Celle-ci reposa son eye-liner et se détourna du miroir.

– Je n'ai jamais dit ça. À mon avis, il est célibataire, sinon il ne dévorerait pas Boucle d'Or… hum, pardon, Jo, des yeux comme ça, pas vrai ?

Jo resta pétrifiée. Après le service, les filles les plus âgées s'étaient comme tous les soirs réunies dans leur « petit salon » pour se recoiffer et se remaquiller avant de sortir. D'habitude, avec Bryn, elles traînaient aussi longtemps que possible dans les toilettes en écoutant leurs potins. Une fois que les « grandes » étaient parties, elles se rafraîchissaient puis se baladaient un peu sur la promenade avant de rentrer chez elles.

– Il a un petit faible pour Jo, hein ? fit Violet comme si l'intéressée n'était pas là.

Contre toute attente, Megan se tourna vers Jo et s'adressa directement à elle :

– Tu le connais, non ?

– Eh bien…, commença-t-elle, gênée de se retrouver au centre de l'attention.

« Tu parles, je ne sais même pas comment il s'appelle. »

– … on s'est juste croisés une fois.

« Avant-hier, en fait. »

Elle ferma le robinet et se sécha les mains.

Bryn s'extasia :

– C'est dingue !

– On dirait que tu lui as fait forte impression, remarqua Sheba.

– Il n'est pas un peu vieux pour elle ? s'étonna Violet.

Jo n'avait aucune idée de son âge. Elle était rouge de honte… et de fierté mêlées. Tous les regards étaient fixés sur elle.

– Il a deux ou trois ans de plus, c'est tout, affirma Megan.

– Le problème, ce n'est pas l'âge, reprit Sheba comme si Jo s'était soudainement évaporée. C'est qu'il est trop cool pour elle !

Bryn gloussa un peu fort.

– Merci beaucoup, répliqua Jo.

– Non, ce n'est pas ce que je voulais dire, corrigea Sheba. Mais il a l'air de s'y croire un peu.

– C'est possible, confirma Megan.

– Ouais, sûrement, renchérit Violet.

– Mm, à mon avis, c'est un gars à embrouilles, affirma Caroline.

– Mais il est tellement canon ! intervint Bryn, pour ne pas être en reste.

Jo les regarda ranger leurs affaires et quitter le restaurant en continuant à évaluer leurs chances de sortir ensemble. Visiblement, peu leur importait qu'elle soit présente ou pas.

Durant les deux jours suivants, le paysage devint plus rocheux. Ils firent leur première séance d'escalade encordés.

Pendant une heure, Ama angoissa en attendant son tour. Puis, elle se hissa tant bien que mal à un mètre cinquante du sol, regarda par-dessus son épaule et se mit à paniquer. Elle se cramponnait si fort à la corde qu'elle avait les paumes tout écorchées. Ses pieds tremblaient tellement qu'elle n'arrivait pas à glisser le bout de ses chaussures dans les prises.

Finalement, Dan et Jared durent la tracter, accrochée à sa corde, comme un poids mort. Arrivée en haut, elle les remercia, s'éloigna de quelques pas et vomit.

Après avoir déjeuné et lézardé quelque temps au soleil, elle retourna examiner la paroi rocheuse qu'ils venaient d'escalader. En restant à bonne distance du bord, évidemment, elle tenta de la mesurer à vue de nez. Elle devait faire approximativement la même hauteur que celle qu'ils descendraient pour le test final. Peut-être un peu moins, mais guère.

Un peu plus tard, elle s'assit sur un rocher pour que Maureen puisse la soigner.

– On a grimpé combien aujourd'hui ? demanda-t-elle d'un ton détaché.

Maureen examina ses paumes à la lumière du soleil couchant.

– Bon sang ! Comment tu te débrouilles pour te faire aussi mal ?

Ama haussa les épaules en répliquant intérieurement : « Et encore, t'as pas vu mes pieds. »

– Alors, elle faisait combien, cette falaise ?

– Aujourd'hui ? Dix, douze mètres.

– Douze mètres ! explosa Ama. C'est tout ?

Elle serra ses poings ensanglantés.

– Peut-être treize ou quatorze. En tout cas, pas plus de quinze.

– Pas plus de quinze quoi ? On parle bien en mètres ?

– Oui, quinze mètres.

Maureen la dévisagea.

– Qu'est-ce qui ne va pas, Ama ?

Elle serra les mâchoires.

– Rien.

Pour le test, ils devaient descendre plus de cent mètres ! Ça faisait sept fois plus qu'aujourd'hui !

Ama s'éloigna de quelques pas et vomit à nouveau.

– Tu vas faire *quoi ?* demanda Jo en se redressant dans sa chaise longue.

– Un stage de mannequinat, répondit Polly. Je te l'avais dit dans un de mes mails, non ?

– Ah, je ne me souviens plus, avoua Jo d'un ton coupable. C'est quoi, un stage de mannequinat ?

– Ça se passe à Gaithersburg.

– Je ne te demande pas où ça se passe mais en quoi ça consiste, hurla Jo dans son portable. Qu'est-ce que tu vas faire là-bas ?

Elle avait enfin rappelé Polly en espérant qu'à cette heure-ci, elle serait en plein baby-sitting. Mais contre toute attente, elle avait répondu dès la première sonnerie. Polly n'avait pas dit « allô ? » qu'elle l'agaçait déjà.

– On apprend à devenir mannequin et des tas d'autres trucs, j'imagine.

– Comme quoi ?

Jo vit sa mère la rejoindre sur la terrasse, avec son grand chapeau de paille et son deux-pièces noir. Elle détourna les yeux. C'était plus qu'elle ne pouvait en supporter.

– Je ne sais pas. Des trucs sur la mode, le maquillage. La photo et tout.

Polly baissa la voix. Plus ça allait, plus elle se décomposait.

– Je ne voulais pas te décourager, s'excusa Jo. Je n'avais jamais entendu parler de ce genre de stage, c'est tout.

– C'est parce que tu ne me vois pas devenir mannequin, hein ?

En l'entendant pleurnicher, Jo dut se retenir de lui raccrocher au nez. Si elle avait eu Ama au bout du fil, elle aurait pu répondre franchement : « Non, t'as pas du tout un physique de top model. » Elle l'aurait bien pris. De toute façon, si elle l'avait eue au bout du fil, la réponse aurait été : « Oui, vas-y, fonce ! » parce que c'était un vrai top model ! Mais avec Polly, c'était impossible, elle ne pourrait pas le supporter.

– Je n'en sais rien, Polly. Je ne suis pas experte en la matière.

– Tu crois que je n'ai pas le physique ?

Elle avait un ton tellement grave et abattu que Jo faillit céder.

Honnêtement, Polly n'avait pas le physique. Elle avait de gros seins et une taille de guêpe. Les traits épais, les pommettes saillantes... et les dents du bonheur. Bref, elle avait une gueule, comme on dit. Elle était belle dans son genre, mais pas d'une beauté classique, évidente, qui plaît à tout le monde.

– Polly, à mon avis, tu vas te bonifier avec le temps, comme le vin. Dans une vingtaine d'années, tu seras beaucoup plus belle que ces filles qui ressemblent toutes à Barbie, je te parie.

Polly ne répondit pas tout de suite. Jo eut un instant l'espoir d'avoir finement joué.

– Mais, Jo, protesta-t-elle finalement, on ne peut pas commencer une carrière de mannequin à trente ans passés !

Elle se mordilla la peau du pouce.

– Polly... je ne parle pas simplement d'être mannequin.

– Eh bien, moi, je parle d'être mannequin.

– OK, OK. Amuse-toi bien à ton stage. Je ne voulais pas te décourager.

– Tu crois que ça pourrait marcher ? Mon projet de devenir mannequin ?

– Sûrement, répondit Jo d'un ton las. Pourquoi pas…

Elle capitulait, mais tant pis. Du moment qu'elle arrivait à raccrocher.

Elle était épuisée. Elle était perdue. La vision de sa mère en maillot de bain, exhibant son ventre plat, en train de gratter deux traces de peinture blanche sur la balustrade de la terrasse, la déprimait complètement. Et ça la déprimait encore plus que Polly puisse fonder tant d'espoirs pour des projets voués à l'échec.

Et c'était aussi valable pour leur amitié. Polly était sûre qu'elles resteraient toujours proches alors que Jo avait envie de prendre un peu de distance.

Quand elle discutait avec Polly, elle avait parfois l'impression de se revoir quelques années plus tôt. Elle savait ce qu'il allait arriver, elle savait au-devant de quelles déceptions elle allait. Jo avait envie d'avancer et Polly la retenait.

– Boucle d'Or !

Jo sortait du *Surfside* bien après l'heure où son service aurait dû finir. Ses derniers clients avaient commandé bière sur bière, ils ne voulaient pas décoller. Alors qu'elle croyait tout le monde parti à part Jordan et Hidalgo, une certaine personne apparut comme par magie à côté de la benne à ordures.

– Bonsoir, fit-elle, un peu intimidée.

Lui était tout sauf timide. Il l'attrapa par le poignet et déposa un baiser sur sa main. Puis il la prit par la taille et lui embrassa le menton.

– Je n'ai pensé qu'à ça toute la soirée. Tu veux aller manger un truc ?

La conversation des filles dans les toilettes lui revint en mémoire. Et si quelqu'un les avait vus ? Tout le monde en parlerait le lendemain, c'était sûr. Et puis, elle aurait déjà dû être à la maison, sa mère devait l'attendre.

Il garda sa main dans la sienne, l'entraînant vers la plage.

– Il faut que je rentre, protesta-t-elle.

Elle ne voulait pas passer pour une fille qui se laisse embrasser n'importe où et n'importe quand. Même si les apparences étaient trompeuses.

– On n'en a pas pour longtemps.

Il s'arrêta à un stand de bonbons et acheta un assortiment de nougats – avec les pourboires qu'il venait de gagner.

– Et voilà notre dîner ! annonça-t-il en brandissant fièrement le paquet. On va les manger sur la plage, puis je te raccompagnerai chez toi.

Elle le suivit sur le sable, le cœur battant. C'était dimanche, la plage était déserte, plongée dans l'obscurité, elle ne pouvait pas lui résister. Ils s'assirent au bord de l'eau, il l'attira tout contre lui. La brise du soir la caressait, douce, mais pas chaude. Il ouvrit le paquet de nougats et lui en tendit un.

– Tiens, ceux-là sont super bons, au beurre de cacahuètes, je crois.

– Un repas parfaitement équilibré, commenta-t-elle.

Elle tremblait un peu. Sa voix était plus aiguë que d'habitude.

– Oui, je suis très à cheval sur l'équilibre nutritionnel.

Elle grignotait son nougat du bout des dents, trop excitée pour manger.

Il sortit un gros bloc du sachet et l'examina d'un œil soupçonneux.

– Il est à quoi, celui-là, à ton avis ? Vert, ce n'est pas une couleur très naturelle pour un nougat.

Il le lança dans l'eau, vers l'horizon.

– Pour des cheveux non plus, susurra-t-elle, consciente de flirter avec le danger.

Il rit de bon cœur et se tourna vers elle. Elle sentait qu'il allait l'embrasser. Il l'embrassa. Elle ne pouvait rien faire.

Tout semblait tellement facile, tellement naturel pour lui. Comment faisait-il ? Elle revit Arlo Williams qui avait mis des heures à trouver le courage de lui passer un bras autour des épaules au pique-nique de cinquième.

Alors que Celui-dont-elle-ne-connaissait-toujours-pas-le-nom embrassait divinement bien. Elle comprenait enfin ce que ça voulait dire. C'était la première fois qu'elle sortait vraiment avec quelqu'un, mais elle se doutait – dans le coin reculé de son cerveau où s'était tapie sa conscience – que ce n'était pas son cas.

Elle le repoussa, en nage, tentant de reprendre son souffle.

– Je peux te demander un truc ?

Il hocha la tête, visiblement impatient de recommencer à l'embrasser.

– Tout ce que tu veux.

– Comment tu t'appelles ?

Ama avait réfléchi toute la nuit avant de prendre sa décision. Une décision difficile mais implacable : les notes ne comptent plus quand on est mort.

Elle trouva Maureen en train de ranger son équipement après le petit déjeuner.

– Je ne peux pas le faire.

L'animatrice leva la tête.

– De quoi tu parles ?

– La descente en rappel pour le test final.

Maureen acquiesça pensivement.

– C'est normal que tu aies cette impression.

– Ce n'est pas une impression, c'est une réalité, affirma Ama en s'efforçant de contrôler sa voix chevrotante.

– Mais non, enfin.

– Maureen, c'est impossible. Je sais que je n'en suis pas capable. Vraiment.

Elle cognait machinalement ses chaussures de marche l'une contre l'autre.

Maureen posa la main sur son bras.

– Écoute, Ama. Je sais que c'est dur pour toi. Sincèrement. On t'en demande beaucoup. Je comprends. Mais tu en es capable, j'en suis sûre. Tu seras tellement fière de toi quand tu auras réussi.

– Non, je serai morte. Je ne vois pas comment je pourrais être fière si je suis morte.

– Tu ne vas pas mourir. Tu crois que je te laisserais faire ?

Ama avait envie de lui rendre son sourire mais elle ne pouvait pas. Maureen avait un joli sourire, pourtant. C'était le genre de personne dont la beauté se révèle au fil des jours, en même temps que les qualités de cœur.

Ama s'éloigna d'un pas traînant pour aller ranger ses affaires. Elle espérait que Carly était dans les bras d'un garçon pour ne pas avoir à lui parler pendant qu'elle repliait la tente.

– Je suis contente que tu sois venue m'en parler, cria Maureen.

Ama lui lança un regard par-dessus son épaule.

– Ça n'a servi à rien.

– Mais si, tu verras.

CHAPITRE 11

– Tu veux venir te balader avec nous après le service ? proposa Megan à Jo tandis qu'elle dressait pour la troisième fois la table numéro 11.

C'était une soirée chargée au *Surfside*, de nombreux clients, des pourboires faciles. Tous les serveurs étaient de bonne humeur.

Tous sauf Bryn et Lila, une autre petite nouvelle, qui fixaient Jo avec envie, vexées de ne pas avoir été conviées.

– Oui, merci, répondit cette dernière en poursuivant sa tâche avec entrain.

Jusque-là, ça ne l'avait pas dérangée d'être exclue des activités nocturnes de la bande de serveuses. Elles sortaient entre elles, sans jamais inviter les plus jeunes. Mais maintenant, elle avait de la peine pour Bryn et Lila.

Il fallait qu'elle appelle sa mère, mais elle serait sans doute d'accord. Elle avait toujours souhaité que sa fille soit aussi populaire qu'elle à son âge. Jo le savait. Et puis, au moins, elle ne passerait pas la soirée à embrasser Zach entre le restaurant et la maison, comme ces derniers jours. Ce petit break lui permettrait de rassembler son courage afin de résister à ses autres requêtes.

– Si on allait au bowling ? suggéra Caroline durant le rituel maquillage dans les toilettes des filles en fin de service. On pourra danser un peu.

– Mais c'est un nouveau qui vérifie l'âge à l'entrée, objecta Sheba. On n'a qu'à aller au *Midnight Café*. Je crois qu'il y a un groupe ce soir.

– Brent voudra s'arrêter aux jeux vidéo, remarqua Megan.

– Et tu n'auras qu'à dire non, répliqua Violet.

Jo suivait les échanges avec curiosité, ravie d'être incluse dans les projets. Elle espérait juste que les filles ne se moqueraient pas d'elle parce qu'elle n'avait pas de fausse carte d'identité.

Bryn la happa alors qu'elle sortait des toilettes.

– T'en as de la chance ! C'est dingue qu'elles t'aient proposé de sortir avec elles. Franchement, ça me dégoûte.

Dans sa bouche, c'était un compliment.

– C'est à cause de Zach, souligna Lila.

Bryn hocha la tête.

Jo sortit pour téléphoner à sa mère. Quand elle ralluma son portable, elle vit qu'elle avait reçu un message environ une heure et demie plus tôt : « Rentre vite à la maison, disait sa mère. J'ai une surprise pour toi. »

Elle la rappela aussitôt.

– C'est quoi ?

– Pas quoi, qui ! corrigea sa mère.

– Grand-mère ?

– Noooon...

Sa mère tenait à faire durer le suspense.

– Ce n'est pas papa, hein ?

Mais elle connaissait déjà la réponse. Si son père avait été là, sa mère aurait eu l'air embarrassée et stressée. Elle n'aurait pas présenté les choses de cette façon.

– Non.

– Alors, qui est-ce ?

– Rentre, tu verras.

– Dis-moi, supplia Jo, agacée.

Elle n'avait aucune envie de rentrer. Elle voulait aller au bowling, aux jeux vidéo ou Dieu sait où.

– C'est une de tes sœurs, c'est ça ? soupira-t-elle en ayant conscience d'être désagréable.

– Non. Allez, rentre, ordonna sa mère, visiblement lassée de son petit jeu.

Entre elles, les plaisanteries les meilleures étaient les plus courtes.

Jo balbutia quelques excuses aux filles qui sortaient des toilettes et, à contrecœur, fila chez elle par la route, au lieu de longer la côte comme d'habitude. Elle n'allait pas sortir s'amuser, elle n'allait même pas avoir son compte de baisers du soir. Finalement, elle se surprit à espérer que Zach surgisse d'un buisson. Où était-il passé ?

Sa surprise, comme sa mère le lui avait promis, l'attendait sur la terrasse avec ses grands yeux noirs et son air sincère.

– Oh… Salut, Polly.

– J'espère que ça ne te dérange pas que je sois venue, dit-elle en regardant Jo vider un bol de céréales, assise au bar de la cuisine.

Celle-ci secoua la tête, la bouche pleine, les yeux rivés sur sa cuillère. Elle avait mis ses lunettes, beaucoup plus confortables, après des jours sans avoir quitté ses lentilles. En dehors de ses parents, Polly et Ama étaient les seules au courant de son problème de vue.

– Je me suis dit que tu devais avoir besoin d'une amie auprès de toi, déclara solennellement Polly.

« J'ai une amie. J'ai plein d'amis. J'ai même un petit ami », avait-elle envie de répliquer.

– Et pourquoi ? demanda-t-elle.

Polly la dévisagea, surprise.

– À cause de tes parents.

Jo se redressa.

– Comment ça ?

Déconcertée, Polly balbutia :

– Ben, parce qu'ils se séparent.

Elle semblait au bord des larmes.

Jo reposa sa cuillère.

– Qui t'a dit ça ?

– Ta mère. La dernière fois que j'ai appelé. Je lui ai demandé comment ça allait, parce qu'elle avait l'air triste…

– Qu'est-ce qu'elle t'a raconté ?

– Elle croyait que j'étais au courant. Elle croyait que tu me l'avais dit.

Jo ne savait pas comment réagir. C'était une situation extrêmement pénible et elle ne voyait pas comment s'en sortir.

Polly en avait discuté avec sa mère alors que Jo elle-même n'avait pas abordé la question avec elle. Polly était vexée, elle ne comprenait pas pourquoi son amie ne lui en avait pas parlé.

– Ce n'est pas le scoop du siècle, murmura Jo.

Elle fixait ses céréales, l'appétit brusquement coupé.

– Ah, bon ?

Jo secoua la tête. Elle était tellement lasse, tout à coup. Elle ne se sentait même pas la force de se traîner jusqu'à son lit.

– Tu es sûre que ça va ? s'inquiéta Polly.

Jo se leva.

– Ouais, juste un peu fatiguée. C'était dur, ce soir, au resto. J'ai mal aux pieds.

– Tu veux aller te coucher ?

Polly lui avait déjà pardonné. Elle aurait pu insister, chercher à savoir ce qui s'était exactement passé entre ses parents ou jouer les amies trahies, mais non. Elle ne voulait pas la faire culpabiliser.

– Oui, j'aimerais bien, admit Jo.

Elle culpabilisait. Elle avait tellement de raisons de se sentir coupable.

– Merci d'être venue, Pollyjolie. C'est vraiment gentil de ta part.

Hochant la tête, elle la suivit dans sa chambre. Elle avait déjà tiré le lit gigogne et installé son oreiller et sa couverture. Posé sa valise à côté de la commode. Elle connaissait la maison. Elle y avait souvent dormi.

– On pourrait aller à la plage, demain, suggéra-t-elle.

– D'acc' !

Jo se demandait combien de temps elle avait prévu de rester. Et cherchait avec un sentiment de culpabilité grandissant comment lui dire gentiment de rentrer chez elle.

Étendue dans le noir, Jo ne parvenait pas à trouver le sommeil, malgré la fatigue. D'après sa respiration, Polly ne dormait pas non plus. Mais elle ne parlait pas.

– Désolée de ne pas être en état de sortir ce soir, murmura Jo.

Polly hocha la tête dans la pénombre.

– Pas de problème, je comprends. Tu traverses une période difficile en ce moment.

Chère Polly,

Je déteste la fille avec qui je partage ma tente, Carly. Je la hais. Elle m'a pris mon bandana rose sans me demander et quand j'ai voulu le lui reprendre, je l'ai trouvée dans les bois avec... devine qui ? Noah !!! Sans rire ! Je ne suis pas restée assez longtemps pour voir ce qu'ils fabriquaient, mais j'imagine. Quelle traînée ! Le seul garçon avec qui elle n'est pas sortie, c'est Andy. Et pour cause : il n'est pas encore pubère !

Je la déteste et je déteste Noah. Je déteste le camping, la randonnée, l'escalade, mon sac à dos, ma tente et mes chaussures de marche.

Bisous, rage et désespoir de la part de ta vieille amie,

Ama

Cher papa,

Merci pour ta lettre. La forêt et la montagne sont vraiment majestueuses, comme tu me l'avais dit. Tu avais raison : ce voyage est l'occasion pour moi de visiter et de découvrir notre nouveau pays.

Embrasse maman, Bob et Esi.

Bises,

Ama

Ama jeta immédiatement la première lettre. Elle n'avait jamais eu intention de l'envoyer. Elle voulait juste se défouler un peu et Polly avait toujours été la personne idéale, l'oreille la plus compatissante, écoutant sans jamais juger. Elle glissa la seconde lettre dans son sac afin de la poster à Port Angeles.

En se réveillant, Jo ne savait plus où elle était. Elle paniqua, complètement perdue, persuadée d'être à Bethesda et croyant avoir entendu Finn l'appeler de la chambre voisine. Elle se souvenait parfaitement de sa voix. Elle se redressa dans son lit, le cœur battant. Lentement, elle regarda autour d'elle. Le soleil entrait à flots par la fenêtre. Elle entendit le bruissement des vagues, non loin de la maison. Petit à petit, elle parvint à se situer dans l'espace et dans le temps. Malheureusement, ce n'est pas toujours un soulagement de se rappeler où on est.

– Ça va ? s'inquiéta Polly en entrant dans sa chambre. Tu as crié.

Jo acquiesça.

– Ça va. Je devais rêver, expliqua-t-elle, alors que son cœur tambourinait encore dans sa poitrine.

Polly était bien réveillée, déjà habillée, un livre à la main. Jo se frotta les yeux.

– Quelle heure est-il ?
– Midi.
– Non !
– Si !
– Je ne pensais pas dormir aussi tard, s'excusa Jo.
– Pas de problème. Tu veux aller à la plage ?
– D'accord. Je vais me préparer.

Sa trousse de toilette sous le bras, Polly disparut dans la salle de bains du couloir, pour la laisser tranquille dans la sienne.

Les yeux de Jo tombèrent sur sa valise. À nouveau, elle se demanda combien de temps Polly avait prévu de rester.

Elle mit son maillot de bain, fourra quelques affaires dans un sac. Polly l'attendait à la porte.

Une fois dehors, Jo remarqua soudain à quel point Polly était pâle. Avec ses bras tout maigres, on aurait dit un papillon de nuit, qui n'avait jamais vu le soleil. À se demander si elle sortait parfois de chez elle, si elle avait des amis, une vie... Jo sentit un pincement de culpabilité, mais elle le refoula. Ce n'était tout de même pas son rôle de veiller sur Polly, si ?

Elles étendirent leurs serviettes côte à côte sur la grande plage de sable fin, se tartinèrent de crème solaire (avec ses cheveux blond-roux, Jo était sujette aux coups de soleil et aux taches de rousseur) et lézardèrent un moment. Quand elles eurent trop chaud, elles se jetèrent à l'eau.

Il y avait des vagues. De plus en plus grosses. Elles sautaient et plongeaient en chœur. Polly fut fauchée par un rouleau et se releva en riant. Elle était plutôt costaud pour un papillon de nuit, finalement. Lorsque Jo fut entraînée par le courant, Polly lui prit la main. Jo la relâcha aussitôt, pétrie de culpabilité, gênée par tous les non-dits qui s'étaient accumulés entre elles.

Ensuite, elles s'étendirent sur leurs serviettes et se laissèrent sécher au soleil.

– Ton père le prend comment ? demanda Polly au bout d'un moment.

Jo plissa les yeux.

– Comment il prend quoi ?

Polly roula sur le côté pour lui faire face.

– Ah, tu veux parler de la séparation, fit Jo de mauvaise grâce.

Polly acquiesça, planta ses grands yeux sérieux dans les siens.

Elle détourna la tête, tripotant sa bretelle de maillot de bain.

– Ça a dû être dur pour eux, depuis Finn, non ? insista Polly.

Juste à ce moment-là, Jo vit la bande du restaurant, éparpillée sur la plage, qui venait vers elles. À l'arrière du groupe, elle aperçut Zach. Il était à tomber avec son short de surfeur bleu.

– Hé, Boucle d'Or ! cria Megan en lui faisant signe.

Jo se redressa.

– Salut !

Elle agita la main. Le soleil étincelant sur l'océan l'éblouissait. Elle connaissait presque toutes les filles, sauf deux.

– Ça va ?

Megan jeta un regard surpris à Polly.

Soudain, Jo la vit à travers ses yeux, avec son maillot de petite fille, son chapeau bizarre et ses dents du bonheur. Et ce qu'elle vit n'était pas terrible. C'était affreux, mais elle aurait aimé faire comme si elle ne la connaissait pas. Comme si c'était une simple voisine de plage, une étrangère.

– Euh... voilà, hum, Polly, marmonna-t-elle.

Megan hocha la tête.

– Salut, fit Polly.

– On va jouer au *beach volley*. Vous voulez venir ?

– OK, merci. On passera peut-être, répondit Jo.

Mais il n'était pas question qu'elle y aille avec Polly.

Zach resta un peu à la traîne. Il la fixa, dévorant des yeux tout ce qui n'était pas couvert par son deux-pièces rayé mauve et blanc. Puis il lui fit un clin d'œil.

– À ce soir, Boucle d'Or ! lui lança-t-il avant de rattraper les autres.

Jo les regarda s'éloigner, regrettant de ne pouvoir les suivre. Ils ne connaissaient pas ses parents, ils n'avaient pas connu Finn et, mieux, ils s'en fichaient sans doute complètement.

– C'est qui, Boucle d'Or ? lui demanda Polly une fois qu'ils furent partis.

Jo haussa les épaules et entreprit de faire un tas de sable.

– C'est mon surnom au boulot.

Lorsque la sonnette retentit dans l'immense maison de verre, Polly suivit Jo jusqu'à la porte. Elle connaissait cette fille, elle était dans leur collège. Elle reconnut son visage pointu, ses petits yeux bleus et sa bouche boudeuse, mais elle ne se rappelait pas son nom.

– Tu te souviens de Bryn ? dit Jo en la faisant entrer.

– Ah, oui, du collège…

Polly se rongea les ongles. Bryn n'avait pas l'air contente de la voir. Et pour cause, elle n'était pas son genre du tout. Jo s'était mise à traîner avec des filles comme Bryn à la fin de la cinquième et Polly ne voyait pas ce qu'elle leur trouvait.

– Vous voulez de la limonade ? proposa-t-elle.

Elle avait bien compris qu'elles avaient envie de discuter seule à seule.

Elle prit donc tout son temps pour préparer le plateau. Elle se demandait si la mère de Jo était là. Elle était plus sympa avec elle que sa fille.

Des voix résonnèrent dans la chambre de Jo, aussi porta-t-elle avec précaution les trois verres dans le couloir. Elle ralentit en entendant ce que Bryn était en train de dire. Elle n'écoutait pas aux portes, mais Bryn avait une voix perçante et Polly l'ouïe très fine.

– Tu n'y es pas allée ? s'étonnait Bryn. Tu plaisantes ?

Jo répondit quelque chose que Polly ne comprit pas.

– À cause d'elle ? Sérieusement ? Je sais que vous traîniez ensemble à un moment, mais je n'aurais jamais cru que c'était ta meilleure amie, s'esclaffa Bryn.

Une fois de plus, Polly n'entendit pas Jo répondre.

– Franchement, Jo, elle est bizarre, cette fille.

Polly ne voulait plus avancer, mais elle n'arrivait pas à reculer non plus. Il était évident que Bryn parlait d'elle.

– Mais qu'est-ce qu'elle fait là, d'abord ? insista-t-elle.

La limonade se mit à tanguer dans les verres. Polly

avait les mains qui tremblaient. Il ne fallait pas qu'elles l'entendent. Elle aurait voulu disparaître, mais elle était paralysée.

Elle attendit que Jo prenne sa défense. Elles n'étaient sans doute plus aussi proches qu'avant, puisque Jo préférait passer son temps avec des filles comme Bryn, mais elles étaient tout de même amies. De vraies amies. Ça ne faisait aucun doute.

– Je ne lui ai rien demandé. Elle s'est invitée toute seule. J'ai hâte qu'elle reparte.

Les mots de Jo lui transpercèrent les tympans comme autant de poignards.

– Et tu dis que vous n'êtes même pas amies ? s'étonna Bryn.

La réponse de Jo tarda à venir.

– On était amies… avant.

Il y eut un fracas de verre brisé puis des pas précipités dans le couloir. Jo sortit de sa chambre en courant, enjamba les débris de verre et une mare de limonade pour foncer dans la cuisine.

Polly était plantée là, un rouleau de Sopalin à la main, les joues ruisselantes de larmes. Elle contourna Jo pour éponger le sol. Elle s'agenouilla, ramassant maladroitement les morceaux et étalant l'essuie-tout.

Jo la regardait, pétrifiée.

– Qu'est-ce qui s'est passé, Polly ? demanda-t-elle alors qu'elle connaissait la réponse.

Elle savait parfaitement ce qui s'était passé.

– J'ai cassé les verres, expliqua Polly au carrelage, entre deux sanglots.

Jo s'agenouilla pour l'aider.

– Polly…

Polly roula l'essuie-tout trempé en boule pour aller le jeter dans la poubelle de la cuisine. Puis elle fila prendre sa valise dans la chambre de Jo où Bryn feuilletait un magazine, étendue sur le lit. À quatre pattes par terre, Jo la suivait des yeux, les mains pleines d'éclats de verre.

Elle se releva, la tête lui tournait. Elle avait l'impression qu'une force invisible pesait sur elle, menaçant de la faire tomber.

Elle suivit Polly jusqu'à la porte. Polly la franchit, sa valise à la main, sa serviette de plage mouillée sur l'épaule. Ses vêtements foncés et ses hautes chaussettes détonnaient sur le sable blanc des dunes. Jo fit quelques pas dans l'allée, pieds nus, sans lâcher ses bouts de verre. Puis elle s'arrêta et regarda Polly s'éloigner sur la plage, de plus en plus petite à l'horizon.

Jo aurait tellement aimé être soulagée de la voir partir. Elle aurait aimé oublier ce qui venait de se produire. Elle aurait voulu se convaincre que Polly n'avait pas entendu grand-chose. Elle aurait tant voulu y croire. Elle aurait aimé rentrer dans la maison pour rire de tout ça avec Bryn. Mais elle ne pouvait pas bouger.

Depuis deux ans, d'instinct, elle avait soigneusement évité que ses anciennes et ses nouvelles amies ne se rencontrent. Elle avait toujours redouté que Polly et Bryn ne se croisent. Pas parce qu'elle avait honte de Polly. Mais surtout parce qu'elle craignait de lui faire du mal.

Elle baissa les yeux et vit qu'elle avait les mains en sang.

CHAPITRE 12

– Polly, qu'est-ce qui t'arrive ? Pourquoi tu ne manges rien ?

Polly leva les yeux de son plat de nouilles thaïes à emporter et les fixa sur sa mère.

– J'ai pas trop faim, c'est tout...

– Tu as déjeuné tard ?

Elle réfléchit. Avait-elle seulement déjeuné ce midi ? Elle haussa les épaules.

– Ta journée ne s'est pas bien passée ?

Elle mangeait et parlait à peine depuis qu'elle était rentrée de Rehoboth, mais Dia venait seulement de le remarquer. Polly se repassa le film de sa journée. Pouvait-on dire qu'elle s'était mal passée ? Elle haussa encore les épaules.

– Qu'est-ce que tu as fait, cet après-midi ?

Dia était de bonne humeur. Elle sirotait un verre de whisky avec de la limonade et des cerises à l'eau-de-vie.

– Rien de spécial, j'ai bouquiné.

Dia hocha la tête, dévisageant attentivement sa fille.

– Ça ne s'est pas bien passé avec Jo, à la mer ?

Elle ne remarquait pas grand-chose mais, quand c'était le cas, elle était assez perspicace.

Nouveau haussement d'épaules.

– Qu'est-ce qui t'est arrivé ?

Polly regarda les cheveux courts et noirs de sa mère, le clou doré qui brillait sur l'aile de son nez.

Elle se demandait ce que Bryn penserait de Dia si jamais elle la croisait. Son vocabulaire comportait-il un autre qualificatif que « bizarre » ? Non, probablement pas. Pour les filles comme Bryn, le monde était extrêmement simple. Les gens se divisaient en deux catégories : normaux ou bizarres. La première était étroite et rigide tandis que la deuxième était beaucoup plus étendue, mais tout aussi rigide. Peu importe où se situait la bizarrerie ou en quoi elle consistait. Il n'y avait pas de degré dans le bizarre. Pas de variétés de bizarre. Il n'y avait que deux possibilités : on était bizarre ou pas. Point final.

Polly revit Jo quand elle s'était déguisée en Fifi Brindacier pour Halloween en CM1, avec son immense cheval en papier mâché. Ou en train de jouer du violon à son arbre. Pouvait-on considérer qu'elle entrait dans la catégorie « normal » ? Y tenait-elle vraiment tant que ça ?

– Elle s'est fait plein de nouveaux amis là-bas, sur la côte, expliqua-t-elle. Qui travaillent au restaurant ou sur la promenade.

Dia acquiesça d'un air entendu.

– Et tu avais l'impression d'être différente ?

Polly connaissait le célèbre refrain de sa mère. Le but même de sa vie était d'être différente. Tout en elle – sa coiffure, sa façon de s'habiller, ses sculptures – semblait claironner : « Vous voulez du bizarre ? Vous allez être servis. »

Polly secoua la tête.

– Ne te bile pas pour ces soi-disant amis, fit Dia en agitant la queue d'une cerise. Les filles dans notre genre sont largement plus intéressantes, fais-moi confiance.

Polly acquiesça, pas vraiment convaincue de vouloir être le même genre de fille que sa mère. Elle ne voulait pas être intéressante. Ça pouvait sans doute aller quand on était adulte, qu'on avait construit sa vie, mais être « intéressant » au collège ou au lycée, c'était galère.

Qu'arriverait-il si elle perdait encore quelques kilos et devenait mannequin ? Si elle était repérée par un agent, comme le promettait le site Internet du stage ? Si elle décrochait un contrat ?

Que se passerait-il quand Bryn ou Jo la verraient dans un magazine ? Quand elles apprendraient que sa grand-mère était un célèbre mannequin ? Là, on verrait ce qu'elles diraient, hein !

Dia se leva pour se servir un autre verre. Elle se rassit, l'air solennel.

– Mais je dois avouer que je suis un peu surprise par Jo. Et par Ama aussi.

– Comment ça ? s'étonna Polly.

– Les amitiés d'enfance s'effilochent souvent à l'adolescence, soupira sa mère, philosophe. Les enfants deviennent tellement conformistes au collège. C'est classique, j'imagine. Mais je croyais que vous trois, c'était différent.

« Nous aussi, on croyait », pensa Polly.

– Candice m'a invitée à passer deux ou trois jours à Baltimore. Elle veut me présenter son nouveau petit ami, annonça Mme Napoli à sa fille le lendemain.

Jo acquiesça. Sa tante avait quelques années d'avance sur sa mère dans l'aventure du divorce. Elle en était déjà au stade « recasage ». Un modèle à suivre pour sa petite sœur.

– Tu vas y aller ? demanda Jo.

– J'aimerais bien.

Elle n'avait pas vu sa mère aussi détendue depuis longtemps.

– Il est musicien. Il donne un concert vendredi soir.

On aurait dit que la seule chose qui manquait à sa vie depuis dix ans, c'était d'assister à un concert à Baltimore le vendredi soir.

– Pas de problème, ça ne me dérange pas, affirma Jo.

Dans son cerveau, les rouages s'étaient mis en marche.

– Tu pourrais dormir chez les voisins, proposa sa mère. Jeannie m'a dit qu'elle serait ravie de t'accueillir.

Jeannie avait des jumeaux de quatre ans. Jo savait qu'elle passerait son week-end à faire du baby-sitting. Alors que si elle restait là… il y avait Zach. Il y avait Bryn et toute la bande du *Surfside*. Pas de couvre-feu. Des possibilités infinies s'offraient à elle.

– Je vais rester ici, affirma-t-elle. C'est bon. J'irai voir Jeannie si j'ai besoin de quelque chose.

Sa mère ne semblait pas vraiment convaincue. Elle avait envie de partir. Elle ne voulait pas être coincée ici à cause de Jo, et Jo le savait.

– Je t'assure, maman. Y a pas de problème. J'ai

Jeannie d'un côté et Mme Gluck de l'autre. Elle est toujours là.

Sa mère hocha lentement la tête.

– Tu crois que tu vas savoir te débrouiller ?

– Évidemment. Et puis, tu as ton portable, j'ai le mien. Tu ne seras qu'à deux heures de route. Je ne me servirai pas de la cuisinière. Que veux-tu qu'il m'arrive ?

Sa mère avait vraiment envie d'y aller.

– Bon... Oui... Je ne sais pas. On devrait peut-être en parler à ton père ?

Jo poussa un soupir agacé.

– Maman, tu crois franchement que papa en a quelque chose à faire ?

Gia avait été parmi les premières à faire carrière dans le mannequinat et c'était sans doute celle qui avait connu le destin le plus tragique, conclut Polly après de nombreuses heures de recherches sur Internet. Sa préférée, c'était Cindy Crawford parce qu'elle était sortie première de sa promotion au lycée avant d'entreprendre des études d'ingénieur à l'université de Northwestern.

Polly abandonna son ordinateur et fila dans la salle de bains. Elle grimpa sur le lavabo pour jauger ses fesses dans le miroir, espérant qu'elles étaient moins grosses. D'après la balance digitale de chez *Wallman* où elle s'était pesée hier, elle avait perdu trois kilos.

Polly repensa à ce qu'elle avait lu sur le web. Elle aimait bien Iman, parce qu'elle était d'origine africaine, comme Ama. Elle lui ressemblait d'ailleurs un peu – enfin, en grandissant, Ama lui ressemblerait sans doute. Polly admirait Christy Turlington parce qu'elle faisait du yoga et Heidi Klum parce qu'elle avait le sens des affaires et qu'elle avait créé son émission de télé.

Elle se retourna pour se voir de face. Son régime marchait pas mal, finalement. Elle était assez fière d'elle. Elle avait lu que les mannequins prenaient souvent des médicaments, de la drogue ou fumaient pour rester minces. Elle était contente de ne pas devoir recourir à ces mesures extrêmes.

Ce qui facilitait les choses, c'est qu'elle mangeait souvent toute seule. Elle sautait donc de nombreux repas sans que personne ne le remarque. Ama n'aurait jamais pu faire ça car, chaque soir, sans exception, la famille se réunissait au grand complet pour dîner ensemble. Mais de toute façon, Ama n'avait pas besoin de maigrir. Contrairement à Polly, elle était mince de nature.

Polly avait prévu de perdre encore un kilo et demi avant le stage, mais elle avait lu sur Internet qu'elle risquait de ralentir sa croissance si elle ne mangeait pas assez. Elle était face à un dilemme : valait-il mieux être grande ou mince ?

Elle n'était pas une grande fan de Kate Moss. C'était sur elle qu'avaient porté ses recherches aujourd'hui. Elle était incontournable. Belle. Célèbre. Mais aussi maman d'une petite fille. En regardant les photos de Kate en train de faire la fête avec des rock stars complètement déglinguées, Polly ne pouvait s'empêcher de penser à cette petite fille.

Bon, elle avait le ventre plat, la taille marquée, mais ses hanches et ses fesses ne s'étaient pas affinées pour autant. Son visage paraissait plus menu, ses pommettes plus saillantes, mais son soutien-gorge était toujours bien rempli.

Elle regagna sa chambre pour s'habiller. Elle se sentait toujours aussi boudinée dans son short en jean. Toujours aussi mal à l'aise avec son débardeur. Elle était toujours aussi déçue que sa mère ne rentre pas à l'heure promise. Et elle avait beau essayer de les oublier, elle entendait encore résonner dans sa tête les mots de Jo.

Son régime fonctionnait, soit, mais elle commençait à se demander si, en maigrissant, elle allait bien perdre ce qu'elle souhaitait et pas autre chose.

– Génial, tes chaussettes ! s'extasia Carly tandis qu'elles remontaient leur tente, deux jours plus tard. On dirait des gants pour les pieds. J'en avais des pareilles, mais il y en a une qui a disparu au lavage !

Ama acquiesça sèchement.

– J'adore acheter des chaussettes, pas toi ? poursuivit Carly. À un moment, je n'en portais plus, mais je te dis pas l'odeur dans mes baskets !

Elle se mit à rire toute seule tandis qu'Ama essayait de peser de tout son poids pour enfoncer un piquet dans le sol.

– Alors, après, j'ai décidé d'acheter toujours le même modèle et la même couleur, comme ça, pas de problème, elles sont jamais dépareillées, tu vois ?

Ama ne voyait pas. Sa mère prenait tellement soin du linge qu'elle n'avait jamais perdu de chaussette. Elle ne répondit rien, mais ça n'avait pas l'air de déranger Carly. Elle ne parut même pas le remarquer. Ça faisait pourtant trois jours qu'Ama ne lui adressait plus la parole. Depuis qu'elle l'avait surprise avec Noah.

Lorsque Ama releva la tête, la tente était dressée. Car Carly avait beau jacasser sans cesse, elle était sacrément efficace, il fallait le reconnaître.

– Je meurs de faim, annonça-t-elle avant de rejoindre l'équipe chargée de préparer le dîner.

Ama erra toute seule, observant les fourmilières. Elle était très calée question fourmis dorénavant, aussi bien les rouges que les noires. Et elle faisait très attention à ne pas installer la tente sur leur demeure.

Elle ne voulait pas participer à la préparation du dîner pour ne pas voir Carly flirter avec Noah. Elle avait passé les trois derniers jours à se demander s'ils fricotaient ensemble sans pour autant se donner les moyens d'en avoir le cœur net.

Fallait-il vraiment que Carly sorte avec *tous* les garçons ? Jusqu'au dernier ? Elle ne pouvait pas en laisser un seul pour les autres ?

« Et même si elle en avait laissé un pour moi ? se demanda Ama, agacée. De toute façon, qu'est-ce que j'aurais fait, hein ? Je lui aurais parlé ? Je me serais assise à côté de lui ? Est-ce que j'aurais osé rester deux minutes en place s'il était venu s'asseoir à côté de moi ? » La réponse était : rien, non, non et non. Alors Carly n'avait aucune raison de ne pas sortir avec Noah si elle en avait envie. Elle avait le cœur assez grand pour partager avec tout le monde, alors qu'Ama n'avait rien à offrir à personne.

La nuit était fraîche. Ama grelottait dans son sac de couchage, sans trouver le sommeil, à ruminer alternativement au sujet de la descente en rappel et de Noah. Elle s'arrêta en entendant Carly approcher.

Aussitôt, elle fit semblant de dormir pour ne pas avoir à lui parler et, encore une fois, ce fut un mauvais calcul. Comme le premier soir, Carly avait ramené un garçon.

Et si c'était Noah ? Ama était pétrifiée. Elle entrouvrit un œil juste une fraction de seconde et aperçut des cheveux bruns et raides. C'était lui. Elle guetta le son de sa voix tandis qu'ils se baissaient pour pénétrer dans la minuscule tente. Elle n'osait pas tourner la tête.

Était-ce bien lui ? Il ne disait rien. Mortifiée, elle écouta Carly chuchoter et glousser, dans l'attente du bruit caractéristique des baisers.

C'était trop ! Elle ne pouvait pas en supporter davantage.

Furieuse, jalouse et vexée, Ama serra son duvet contre elle et ouvrit la tente d'une main tremblante. Saisissant son sac à dos, elle sortit à quatre pattes. Elle tenta de se relever, mais avec le duvet, ce n'était pas évident. Elle tituba, trébucha et lâcha son sac.

– Oups, elle ne dormait pas, finalement, murmura Carly dans la tente.

– Faut croire que non, renchérit le garçon. (Noah ?)

Ils continuaient à chuchoter et à ricaner. Elle ne voulait plus les entendre. Mais pas facile de faire une sortie théâtrale en sautant à pieds joints dans son duvet façon course en sac ! Elle se sentait ridicule. Et pour une fois, une chose était sûre, ce n'était pas qu'une impression.

Elle sortit du campement en sautillant, drapée dans sa dignité blessée. Elle ferait tout pour qu'on sache qu'elle était furieuse. Elle entendit un grognement dans le lointain. Hum, peut-être pas à ce point-là. Elle n'avait pas envie de mourir quand même.

Elle s'affala par terre pour réfléchir un instant. Elle glissa avec précaution son sac à dos sous un buisson pour éviter qu'il soit mouillé en cas de pluie. Puis elle s'allongea et rentra la tête dans son duvet.

Elle était dans sa petite tente à elle, loin des filles faciles et des garçons décevants. « Je t'aime, mon cher sac de couchage », pensa-t-elle. Peu importe les garçons, les notes, et même l'amour-propre... Elle était si bien dans sa petite tente à elle. Elle avait dû être une tortue dans une vie antérieure.

« Je pourrais passer toute ma vie là-dedans, je crois que je serais heureuse », se dit-elle. Elle imagina qu'il y avait d'autres pièces, des couloirs, des tas de choses pour s'occuper. Un peu comme Mordicus, le personnage de *1, rue Sésame* qu'elle regardait quand elle était petite, au Ghana. La magie de la télé faisait qu'il avait plein de place et toutes sortes de trucs dans sa poubelle en fer-blanc. Ç'aurait été chouette d'avoir un sac de couchage magique...

Et, bercée par cette idée réconfortante, Ama sombra dans le sommeil.

On dit que, quand le vent
bruisse dans les feuilles
des saules, ce sont les fées
qui murmurent
à l'oreille du poète.

On raconte également que
le saule peut sortir de terre,
suivre les voyageurs et leur
chuchoter à l'oreille.

CHAPITRE 13

– Je peux changer de coupe, si vous voulez. Ça ne me dérange pas, affirma Polly.

Mme Miller, la prof de coiffure-maquillage, secouait la tête en la regardant.

– Il te faudrait des extensions, décréta-t-elle. Quant à la couleur…

Polly se regarda dans le miroir.

– Qu'est-ce qu'elle a, ma couleur ?

– C'est naturel ?

– Euh… oui.

– C'est trop sévère, trop sombre.

– Je pourrais faire des mèches, proposa Polly.

Elle n'était cependant pas sûre d'obtenir l'approbation de sa mère. Dia n'était pas contre le fait de se teindre les cheveux, mais en noir, rose, vert ou bleu. Certainement pas en blond. En regardant autour d'elle, Polly constata qu'elle était la plus âgée et de loin la moins blonde. Même si ce n'était sûrement pas la couleur naturelle de toutes les filles.

Elle avait été très surprise en arrivant au stage de mannequin. La brochure indiquait « de neuf à seize ans », mais à part elle, aucune des participantes n'avait plus de douze ans.

Et puis les locaux étant situés sur le parking d'un centre commercial, le programme comportait un grand nombre de séances de shopping supervisé. Polly ne s'attendait pas à des petits chalets au bord d'un lac, avec des canoës, mais elle n'avait pas imaginé ça sur un parking, ni dans un centre commercial.

Ça lui posait problème parce que, primo, elle détestait le shopping et, secundo, elle avait dépensé tout l'argent de ses baby-sittings pour se payer ce stage. Il ne lui restait donc pas un sou pour faire les boutiques ou acheter quoi que ce soit à la cafét' (et tant mieux parce qu'elle avait encore un kilo à perdre).

Ce qui nous amène à un troisième sujet d'étonnement. Pour des filles qui voulaient devenir mannequins, elles passaient beaucoup de temps à la cafétéria.

À l'heure du déjeuner, pendant qu'elles regardaient la télé à la cafét', Polly restait dans la salle de cours pour poursuivre ses recherches sur les top models. Elle savait qu'elle aurait dû essayer de se faire des amies, mais elle était gênée d'être plus âgée, et elle se sentait trop différente des autres.

Et puis elle préférait passer son temps en compagnie de vrais mannequins plutôt qu'avec des filles qui rêvaient de le devenir et à qui elle n'avait rien à dire.

Pour aller travailler ce soir-là, Jo mit son short préféré et se lâcha les cheveux, espérant se sentir mieux. Elle avait tellement envie de voir Zach. Dès qu'elle l'apercevait, ses pensées habituelles, lentes et posées, se volatilisaient, remplacées par de folles idées, osées et périlleuses – et aujourd'hui, elle en avait bien besoin.

Lorsqu'elle le repéra en salle, elle s'approcha de lui et glissa la main dans la poche arrière de son jean.

– Salut, Zach.

Elle aurait voulu qu'il l'embrasse, juste un tout petit baiser. Elle ne pensait qu'à ça depuis ce matin, mais il courut en cuisine avec sa première commande.

Zach, Zach, Zach, Zach, Zach. Maintenant qu'elle connaissait son nom, elle adorait se le répéter. « Est-ce qu'on sort ensemble ? Est-ce qu'on sort ensemble, Zach ? »

Pendant sa pause, elle traîna à l'arrière avec les autres qui envoyaient des textos, une cigarette à la main, le pouce s'activant sur le clavier de leur portable. Elle avait l'impression d'être l'une des leurs, maintenant – la cigarette en moins. Jo remarqua une fille qu'elle avait vue plusieurs fois au cours de la soirée.

– C'est ton premier jour ? demanda-t-elle.

– Cet été, oui, répondit-elle. J'ai travaillé ici en août dernier.

Elle devait avoir dix-sept, dix-huit ans, mais elle en paraissait plus. Sur elle, le T-shirt du *Surfside* tombait tout à fait différemment. Elle avait de magnifiques cheveux bruns, la peau mate et un nez assez fort. Elle était canon, plus sexy que jolie.

– Je m'appelle Jo. Tu viens de Washington ?

– De Bethesda. Et toi ?

– Pareil. Tu es dans quel lycée ?

– Bethesda Sud. En terminale.

Jo hocha la tête. Elle se sentait soudain toute petite.

Elle décida de ne pas avouer qu'elle allait y entrer en septembre. Elle voulait être considérée comme une collègue de travail qui avait un petit ami et non comme une misérable gamine de troisième.

– Tu es aide-serveuse ? demanda la fille d'un ton dégagé en fouillant dans son sac.

– Oui, confirma Jo.

Elle voulait montrer qu'elle n'était pas simplement une petite main, qu'elle faisait partie de la bande. Elle sortait avec le mec le plus canon du restaurant. Elle était aide-serveuse, d'accord, mais elle avait un certain statut, même parmi les serveurs.

La nouvelle se remit du gloss, lança son sac sur son épaule et rentra dans la salle.

– Hé, Effie, attends ! la héla Violet.

Avec autant de dignité que possible, Jo retourna à son lave-vaisselle. Elle avait l'impression que ses taches de rousseur ressortaient encore plus sur sa peau pâle. Elle pensa à la soirée qui l'attendait. Lorsque Zach viendrait la voir à la fin du service, comme il n'y manquerait pas, et qu'il lui proposerait de descendre sur la plage pour l'embrasser, elle se laisserait faire. Non qu'elle ait refusé les autres jours mais, cette fois, c'était différent. Elle était prête à sortir vraiment avec lui, maintenant. Elle savait qu'un petit ami comme ça, c'était rare, et elle ne voulait pas passer à côté.

À dix heures et quart, presque tous les clients étaient partis, il ne restait plus qu'une table. Jo avait commencé à nettoyer et à mettre le couvert pour le lendemain. Elle chercha Zach des yeux, mais il n'était pas dans la salle.

Bryn la rejoignit avec le chariot de vaisselle.

– Paraît que la fille avec qui Zach sortait l'an dernier est revenue, lui glissa-t-elle.

– Qu'est-ce que tu racontes ?

– La nouvelle serveuse, tu sais, la brune avec des seins énormes ? Elle a dit à Megan que Zach était son copain. Ils se sont rencontrés l'été dernier et ils sont restés ensemble toute l'année.

« Pas si ensemble que ça », pensa Jo sans le dire. Elle continua à mettre le couvert, comme si cette révélation ne la concernait pas.

– C'est vrai ? C'est Megan qui te l'a dit ?

– Non, c'est Violet.

– Ah, fit Jo, très détachée, avec une note d'incrédulité dans la voix.

Elle regarda autour d'elle, impuissante. Elle avait encore sept tables à préparer et ces clients qui traînaient. Ce n'était pas juste : les serveurs avaient le droit de partir quand leur zone s'était vidée, tandis que les assistants devaient attendre que toutes les tables soient nettoyées et dressées.

La plupart des filles tenaient déjà salon dans les toilettes. Megan lui avait proposé de les accompagner ce soir, mais Jo savait qu'elles ne l'attendraient pas. Elles fileraient dès qu'elles seraient prêtes, même si Jo était coincée ici. Enfin, Zach resterait sans doute, lui.

Elle essuyait frénétiquement les tables, tentant d'oublier les ragots de Bryn. Si la grande brune à gros seins s'imaginait être la petite amie de Zach, elle se trompait. Ils étaient peut-être sortis ensemble l'été dernier. C'était tout à fait possible, mais Zach était clairement passé à autre chose et Effie – puisque c'était son nom – allait devoir faire avec.

Dégoûtée, Jo vit la bande de filles quitter le restaurant en jacassant. Les autres serveurs étaient également partis. Il ne restait que les petites mains : Brownie, Jordan le crétin et Carlos. Même Bryn et Lila s'en étaient allées.

Avec Brownie, ils allaient de table en table, roulant les pinces de crabe et autres déchets dans les nappes en papier avant de les jeter dans les grandes poubelles à l'arrière du restaurant. Jo était trop pressée pour prendre la moindre précaution, elle allait sentir la marée pour le reste de sa vie.

Zach l'attendait sans doute dehors. Il surgirait des buissons ou de derrière la benne à ordures. Mais combien de temps allait-il patienter ?

Elle avait bien envie de partir. Jordan oserait-il la renvoyer ? Il lui donnerait sûrement une seconde chance, non ?

Lorsqu'elle sortit enfin du *Surfside*, Zach n'était plus là et les autres étaient parties depuis longtemps.

Elle prit son portable pour appeler sa mère. Elle ne pouvait pas rentrer maintenant. Impossible.

– Maman, je vais me balader avec les autres une petite demi-heure, OK ?

– Jo, il est déjà tard.

– Je serai là à onze heures vingt dernier carat. Promis.

– Tu veux que je vienne te chercher ?

– Non, non, ça va.

– Tu as appelé ton père, ma chérie ?

Mince. Elle avait encore oublié. Comme la veille et l'avant-veille.

– Je n'ai pas eu une seconde à moi. Je lui téléphonerai demain.

Elle remonta la promenade d'un pas vif, sans laisser la culpabilité la gagner. Elle aimait sentir le vent lui fouetter le visage.

Elle allait passer devant la salle de jeux, puis devant le *Midnight Café*. Dans une si petite ville, il n'y avait pas tant de possibilités que ça. À moins qu'ils soient sur la plage.

Ils n'étaient pas aux jeux vidéo, mais en approchant du *Midnight Café*, elle reconnut des silhouettes familières. Toute la bande prenait en général la grande table face à la mer. Elle allait ouvrir la porte lorsqu'elle reconnut Zach dans la devanture.

Les mains tremblantes, elle lâcha la poignée de cuivre et recula dans l'ombre.

Elle ne l'avait qu'entraperçu car son visage disparaissait derrière une masse de boucles brunes. Une fille le tenait par le cou d'un geste très possessif tout en discutant avec quelqu'un en face d'elle.

Elle se comportait comme si Zach était son petit ami et il se laissait faire.

Ama eut un sommeil agité, peuplé de cauchemars farfelus et épuisants. Elle se réveillait en sursaut pour se rendormir aussitôt, trop fatiguée pour réagir.

Elle sentit la première piqûre à l'aube. Elle se gratta la cheville, sans sortir de ses rêves. Quelque temps plus tard, une deuxième, puis une troisième piqûre commencèrent à la chatouiller, mais elle restait embrumée de sommeil. Quand arriva la cinquième puis les cinquante suivantes, elle n'eut pas d'autre choix que de se réveiller et d'émerger de son duvet en hurlant.

Elle l'arracha en se martelant les bras et les jambes du plat de la main.

Des fourmis rouges ! Aaaaaaaaah ! Sautant frénétiquement sur place, elle frappa, tapa, cogna avec une dextérité et une rapidité hors du commun jusqu'à ce qu'elle les ait toutes chassées.

Puis elle releva la tête, très très très lentement, persuadée que tout le camp avait assisté à son numéro de folledingue.

Mais il n'y avait personne aux alentours. Complètement perdue, elle sentit le soleil lui chauffer le crâne. Il était plus tard qu'elle ne le pensait.

En se retournant, elle se rendit compte qu'elle était au pied d'une colline, et plus du tout à l'endroit où elle s'était endormie.

Elle avait dû dévaler la pente dans son sommeil. Incroyable mais vrai. Elle aperçut le buisson sous lequel elle avait caché son sac au sommet, à plusieurs mètres de là.

Elle se drapa dans son duvet – qui n'était peut-être pas si magique que ça, finalement – pour gravir lentement la pente.

Son sac était exactement là où elle l'avait laissé. Elle le tira des broussailles et se dirigea vers le campement. Au début, elle fut soulagée de le trouver désert : comme ça, il n'y avait personne pour se moquer d'elle. Mais son soulagement fut de courte durée. Où étaient-ils tous passés ?

Elle fit le tour de la clairière. Elle vit les cendres du feu de camp, quelques reliefs du repas. C'était bien leur campement, elle ne s'était pas réveillée dans un univers parallèle.

Elle essaya de se rappeler ce qui était prévu ce jour-là : ils devaient descendre dans un canyon. Et lever le camp à la fraîche, une heure avant le lever du soleil.

L'angoisse la saisit à la gorge. Ils n'étaient quand même pas partis sans elle ? Comment était-ce possible ? Ils auraient dû remarquer son absence ? Elle repensa aux multiples fois où elle était restée à la traîne, derrière le groupe. Mais... son sac à dos, ils l'avaient bien vu, non ? Sauf qu'elle l'avait soigneusement caché sous les buissons.

– Hou hou ! appela-t-elle. Y a quelqu'un ?

Son filet de voix se perdit dans l'immensité de la forêt.

– Y a quelqu'un ? répéta-t-elle plus fort.

Peut-être qu'en se mettant en route maintenant, elle pourrait les rejoindre ? Elle niait l'évidence : d'habitude, elle avait déjà du mal à suivre, comment aurait-elle pu les rattraper ? Déjà, il fallait savoir dans quelle direction ils étaient partis...

Le canyon était sûrement en contrebas. Les canyons sont creusés par l'eau et l'eau coule vers la vallée. Son esprit s'emballait. S'ils avaient descendu la petite colline, ils l'auraient vue en passant.

Affolée, elle fourra son duvet dans son sac de couchage, puis parcourut plusieurs mètres avant de se rendre compte qu'elle n'était pas habillée. Elle rouvrit son sac et enfila les vêtements qui lui tombaient sous la main par-dessus son caleçon de nuit.

Elle descendit vers la vallée, tentant de se raisonner. Mais la panique la gagnait, elle marchait de plus en plus vite. Et si elle ne les retrouvait pas ? Et si elle errait seule, perdue, sans eau et sans nourriture ? Elle pourrait mourir sans que personne ne s'en aperçoive !

Elle scrutait les troncs à la recherche d'un signe de piste. En vain. Il n'y avait que des arbres, des arbres et encore des arbres, tous identiques.

– Y a quelqu'un ? les questionnait-elle sans fin.

« Qu'est-ce que je vais faire ? » Elle courait presque maintenant, vaguement consciente qu'elle s'était musclée, que son pas était plus assuré. Elle continua, remarquant à peine qu'elle était à bout de souffle, que ses poumons la brûlaient. Elle ne sentait même plus le poids de son sac.

– Y a quelqu'un ? cria-t-elle du haut d'une colline, au moins une heure plus tard, cherchant des yeux un ruisseau.

Pas de réponse.

CHAPITRE 14

– Je peux te poser une question ?

Jo était arrivée au *Surfside* en avance afin d'intercepter Zach à l'entrée.

Il jeta un coup d'œil aux alentours, puis à son portable.

– Tout ce que tu voudras, répondit-il d'un ton léger, démenti par son expression gênée. Mais je commence dans trois minutes.

– Tu as une copine ?

Elle avait répété cette conversation dans sa tête avant de s'endormir la veille au soir, et finalement elle avait opté pour cette formulation. Elle avait hésité à demander : « Tu as une *autre* copine ? » mais elle craignait de paraître présomptueuse. S'il tenait à elle, il répondrait : « Mais c'est toi, ma petite amie, Boucle d'Or. »

– Quoi ? fit-il comme s'il avait mal entendu.

– Tu as une copine ?

« À part moi ? » avait-elle envie d'ajouter. « À part toi ? » avait-elle envie d'entendre.

– Tu veux parler d'Effie ? demanda-t-il.

Mauvaise réponse.

– Je ne sais pas de qui je veux parler. Tu sors avec Effie ? Si c'est la brune avec les gros… alors oui, c'est bien elle dont je veux parler.

Il fallait qu'elle se taise. Si seulement sa bouche voulait bien se fermer…

– Je suis sorti avec elle l'été dernier, expliqua-t-il en tripotant son portable. J'ignorais qu'elle allait revenir travailler ici.

« Ça, je m'en doute », pensa Jo. C'était sans doute la première fois qu'il était parfaitement sincère dans toute cette conversation.

– Vous êtes encore ensemble ?

Il soupira pour montrer que cet interrogatoire ridicule l'exaspérait.

– Ensemble ? Je ne sais pas. Enfin, on traîne ensemble.

– Elle prétend que tu es son copain. C'est vrai ?

Il sourit en secouant la tête.

– Calmez-vous, madame le juge. Je ne suis pas au courant de tout ce qu'elle raconte.

Il commençait aussi à l'agacer.

– Bon, formulons ça autrement : si je lui dis que tu me fourres la langue dans la bouche depuis des jours et des jours, tu crois que ça va la déranger ?

Zach se passa la main dans les cheveux. Il ne souriait plus.

– Allez, Jo. Arrête.

Tout compte fait, il savait pertinemment qu'elle ne s'appelait pas Boucle d'Or, alors ?

Les heures avaient passé. Le ciel se teintait de rose et Ama commençait à perdre espoir. Elle marchait plus lentement, maintenant, acceptant petit à petit l'idée qu'elle allait mourir seule, dans d'atroces souffrances.

Elle aurait aimé pouvoir retrouver l'endroit où ils avaient campé la veille. En errant sur les sentiers, complètement paniquée, elle avait réalisé que, lorsque le groupe s'apercevrait de son absence, selon toute logique, ils enverraient quelqu'un au campement pour la chercher – au dernier endroit où ils l'avaient vue. Sauf qu'elle n'y était plus. Si elle était restée sur place, elle aurait sûrement évité une mort prématurée et pénible, mais elle était partie. Et elle avait depuis longtemps perdu tout repère. Elle ne savait pas où se trouvait le campement. Elle ne savait pas où se trouvait le groupe. Elle ne savait pas où elle était.

« Ce n'est même plus la peine d'avancer », se disait-elle. Mais elle continuait quand même.

À force de marcher, elle déboucha dans une clairière et aperçut un panneau. Son cœur fit un bond. Elle plaqua sa main dessus pour l'empêcher de sortir de sa cage thoracique. Ce panneau... était-ce un mirage ? Elle tituba jusqu'au poteau et s'y agrippa pour s'assurer qu'il était bien réel.

Il s'agissait d'un plan. Il indiquait le chemin de randonnée, mais également un poste de rangers. Pourvu qu'il soit encore ouvert... Pourvu qu'il y ait quelqu'un...

Elle imprima le plan dans sa mémoire, puis se remit en route d'un bon pas, constatant distraitement qu'elle savait maintenant repérer une piste. Elle suivit le marquage sans perdre une minute. Ses chaussures avalaient les kilomètres. Elle ne sentait plus ses ampoules.

Elle exulta en apercevant le bâtiment en bois. Jetant son sac à dos par terre, elle se rua vers la cabane et tambourina à la porte. Elle supplia, sans même savoir si elle parlait dans sa tête ou à haute voix :

– Faites qu'il y ait quelqu'un, pitié. Pitié, pitié, pitié !

La porte s'ouvrit si brusquement qu'elle faillit tomber. Un homme immense, en tenue verte de ranger, la regarda trébucher et se redresser tant bien que mal.

– Mon groupe est parti sans moi, je suis perdue, annonça-t-elle sans préambule.

Elle aurait aimé se présenter un peu plus cordialement, mais c'était trop lui demander. Elle inspira un grand coup.

Le ranger, qui s'appelait Bob, lui laissa le temps de se calmer, avant de lui poser les questions essentielles. Elle dut y répondre à peu près correctement car il la conduisit à un bureau et désigna le téléphone.

– Fais comme chez toi. Je vais essayer de trouver le numéro d'Aventure Nature.

Il passa dans une autre pièce, la laissant seule face au vieux téléphone.

Elle le décrocha d'une main tremblante. Instinctivement, ses doigts composèrent le numéro de la maison. Elle imaginait déjà sa mère, elle entendait sa voix. Elle espérait arriver à retenir ses larmes le temps d'exposer le problème. Mais sa mère n'était pas là. Personne ne décrocha. Le répondeur se déclencha. Ama laissa un message confus, mais parvint à donner le numéro du poste de rangers en demandant à ses parents de la rappeler au plus vite.

Où était passée sa mère ? Quel jour était-on ? Quelle heure était-il ? Et là-bas ? Combien d'heures de décalage y avait-il déjà ? Deux ou trois ? Elle ne savait même pas dans quel État elle se trouvait actuellement.

Comme c'était étrange pour une personne qui se vantait de toujours savoir où elle en était. Elle pensa à sa sœur, Esi, qui portait au poignet une montre énorme indiquant l'heure dans les vingt-quatre fuseaux horaires, tout autour du monde.

Ama n'arrivait pas à se rappeler le numéro du portable de son père. Elle ne se souvenait pas non plus du numéro de son bipeur. Et pour cause, elle les avait entrés dans la mémoire de son téléphone portable, et non dans la sienne. Sa mère n'avait pas de portable pour la bonne et simple raison qu'elle était toujours à la maison. Sauf maintenant !

Elle connaissait le numéro d'Esi par cœur. Elle n'avait qu'à appeler sa sœur. Mais que dire ? « Je suis perdue ! Je suis une idiote ! Ils m'ont abandonnée comme une vieille chaussette. Personne n'a remarqué mon absence. Ils n'ont jamais vu une fille aussi nulle depuis que Nature Aventure existe. Et en plus, on va être notés et je vais avoir un F. Et toi qui pensais que je pourrais entrer à Princeton, moi aussi... »

Elle composa le numéro de sa sœur. Attendit une, deux, trois sonneries. Puis raccrocha sans laisser de message. Cet été, Esi travaillait dans un laboratoire de chimie avant d'entrer à l'école de médecine. Elle éteignait toujours son portable quand elle était au labo ou à la bibliothèque, et c'était les deux endroits entre lesquels elle partageait son temps.

Bon, que faire, maintenant ?

Elle enfouit sa tête dans ses bras. « Non, ne pleure pas, pas tout de suite. »

Elle connaissait deux autres numéros par cœur. Elle les avait appris bien avant d'avoir son premier portable.

Bob le ranger revint dans la pièce.

– Alors ?

– Ça ne répond pas. Vous auriez l'heure, s'il vous plaît ?

– Quatre heures cinq, répondit-il en consultant sa montre.

– Et vous sauriez quel jour on est ? ajouta-t-elle timidement.

Bob lui sourit.

– On était vendredi la dernière fois que j'ai vérifié.

Ama acquiesça. Elle n'osait pas lui demander dans quel fuseau horaire ils se trouvaient. Ses parents étaient peut-être allés dîner chez tante Jessie – qui n'était pas sa vraie tante, mais une très vieille amie de sa mère, qu'elle avait rencontrée à l'église.

– Et vous, vous avez trouvé ? reprit-elle.

– Pas encore. Ils font des recherches au poste central.

Le ranger retourna dans son bureau, laissant Ama les yeux rivés sur le téléphone.

Elle appela la seule personne qu'elle était à peu près sûre de trouver chez elle, à part sa mère. Ça décrocha dès la première sonnerie.

– Allô ?
– Polly ? fit Ama.
– Ama ?
– Oui, c'est moi.

Elle sentit sa gorge se serrer. C'était bizarre d'entendre une voix familière alors qu'elle se trouvait au fin fond de la montagne, au milieu de nulle part. Elle était tellement coupée du monde.

– Où es-tu ?
– Je… hum, je ne sais pas.

Polly était le genre de personne à qui elle pouvait dire des choses comme ça. Enfin, en principe, c'était plutôt l'inverse : Polly se confiait à elle.

– Tu fais une randonnée dans les grands parcs, non ?
– Oui, je suis dans un poste de rangers. Je ne retrouve plus mon groupe, je me suis perdue.
– Oh, non.

Ama sentit les larmes lui monter aux yeux.

– Si.
– Tu as eu tes parents ?
– Non, ils ne sont pas à la maison. Je leur ai laissé un message.
– Ça va ?

Polly était là, et ça changeait tout. Polly avait toujours su écouter.

Ama prit une profonde inspiration. Un frisson la parcourut.

– Oui, je crois.
– Qu'est-ce que tu vas faire ?
– Je veux rentrer à la maison.
– Tu veux dire chez toi ?

– Oui.
– Tout de suite ?
– Dès que possible.
– Pourquoi ?
Ama se figea.
– *Pourquoi ?* Parce que c'est l'horreur. Je déteste la marche. Je déteste ce groupe. Je déteste mes cheveux. Je ne peux pas rester.
Polly était le genre de personne à qui l'on pouvait tout dire. Plus tard, elle ferait semblant de ne pas se le rappeler si nécessaire. Alors que des filles comme Grace vous rappelleraient toujours les épisodes les moins glorieux que vous auriez préféré oublier.
– Mais tu n'es pas obligée d'attendre la fin du séjour ?
– Je m'en fiche. Quand j'aurai mes parents, je leur dirai que je veux rentrer tout de suite.
Polly ne répondit pas immédiatement, puis elle demanda :
– C'est beau, là où tu es ?
– Sans doute. Je ne sais pas, répondit distraitement Ama.
Elle passait ses journées les yeux rivés au sol, elle n'avait pas le temps d'admirer le paysage.
– Si je reste, il va falloir que je descende une immense falaise en rappel. Et c'est impossible.
– Pourquoi ?
– *Pourquoi ?* Parce que je risque de mourir, tiens ! C'est terrifiant. J'ai le vertige.
– Et notre colline, alors ?
Ama fronça les sourcils, prise au dépourvu, et agacée.

– Quoi, notre colline ?

– Tu adorais grimper là-haut.

Elle secoua la tête, incrédule. C'était Polly tout craché, ça. Complètement immature. Dans ces instants-là, elle se rendait compte que Polly ne la connaissait plus si bien que ça.

– Polly, on ne peut pas comparer ça à notre petite colline, répliqua-t-elle. Ça n'a rien à voir.

Comme elle ne répondait pas, Ama sentit la fatigue et la déception lui lever le cœur. Pourquoi avait-elle appelé Polly ? Même si elles avaient encore été proches, c'était vraiment la dernière personne à appeler en cas d'urgence !

– De toute façon, qu'est-ce que ça peut te faire que je rentre ou que je reste ?

– Je ne sais pas. Je me disais juste que... si tu abandonnais en plein milieu, tu risquais de le regretter.

– Non, je ne regretterai rien, affirma-t-elle. Je serai ravie.

– D'accord, fit Polly.

– Comme ça, au moins, dans mon dossier, ils noteront « incomplet » et pas F.

– Quoi ?

Elle n'aurait pas dû dire ça tout haut. C'était sa petite cuisine personnelle. Polly ne pouvait pas comprendre.

– Rien, laisse tomber.

– Tu imagines jusqu'où tu pourrais voir ? remarqua Polly, envieuse.

– Hein ? Qu'est-ce que tu racontes ?

– De là-haut, du haut de la falaise.

– Je ne veux pas voir quoi que ce soit, répliqua Ama. Je veux rentrer à la maison.

Le cours que Polly préférait au stage de mannequin s'intitulait « L'œil du photographe ». Elle écoutait attentivement la théorie des couleurs et de la composition en gribouillant dans la marge de son cahier. M. Seaver – Geoff pour les intimes – était le prof le plus sympa – jeune, décontracté. Il n'était pas très costaud, toujours en baskets et chemise à motifs cachemire. Les autres enseignants étaient toutes des femmes d'âge mûr, le visage figé, avec des escarpins pointus, toujours impeccablement coiffées sans la moindre mèche de travers.

– À mon avis, Seaver est homo, affirma l'une des filles à la pause déjeuner, comme si ça pouvait intéresser Polly.

Mais elle s'en fichait.

Le prof avait remarqué ses gribouillis dès le premier jour mais, au lieu de se mettre en colère, il avait levé son cahier à la lumière pour les examiner attentivement.

– Waouh ! Une future Edward Gorey. Regardez-moi ces arbres ! D'où t'est venue cette idée ?

Ignorant qui était Edward Gorey, Polly n'avait pas trop su comment elle devait le prendre.

– Vous voulez que j'arrête de dessiner ? avait-elle bafouillé.

– Oh non, surtout pas.

Elle avait cru qu'il était ironique, pourtant, à la fin de chaque cours, il venait voir ses dessins pour en faire la critique, toujours de façon très positive.

Dès le deuxième jour, il l'avait laissée rester dans la

salle pour dessiner et discuter pendant que le reste du groupe se rendait au centre commercial.

Il lui avait montré certains de ses clichés, des paysages ou des vues urbaines, en lui expliquant qu'il donnait des cours et faisait de la photo commerciale pour gagner sa vie, mais que sa vraie passion était la photographie d'art.

– Pourquoi veux-tu devenir mannequin ? lui avait-il demandé le troisième jour.

Elle avait pianoté sur son bureau.

– Ma grand-mère était mannequin.

Il avait hoché la tête.

– Ah, bon ? C'est très intéressant. Elle était célèbre ? Comment s'appelait-elle ?

C'était là que les choses se corsaient.

– Je ne sais pas.

– Tu ne connais pas son nom ? Elle est encore en vie ?

– Je n'en sais rien.

– Bon.

Il avait attendu qu'elle poursuive.

– C'est la mère de mon père et, comme je ne connais pas mon père, je ne la connais pas non plus. Je sais juste qu'elle a été mannequin.

– Je vois.

En fin d'après-midi, au moment de partir, elle avait posé un dossier sur son bureau.

– Qu'est-ce que c'est ?

– Mes recherches.

– C'est un devoir pour l'école ?

– Non. J'ai fait ça comme ça... pour m'amuser.

– « La vie des top models », avait-il déchiffré.

Il l'avait feuilleté.

– C'est toi qui as tout fait ? L'index, les photos, les légendes et tout ?

Elle avait acquiescé, mal à l'aise. Elle savait que son enthousiasme débordant laissait parfois les gens perplexes.

Il avait glissé le dossier dans son sac et l'avait rapporté le lendemain. Elle était déjà dans la salle lorsqu'il était entré. Elle aimait arriver en avance pour pouvoir discuter avec lui.

– Polly, c'est incroyable !

Elle avait penché la tête sur le côté. Elle avait reçu tellement de compliments à double tranchant dans sa vie que, maintenant, elle se méfiait.

– Vous trouvez ?

– Oui, vraiment. Un vrai mémoire de recherche. Tes professeurs doivent être fiers de toi, au collège.

– Certains, oui.

Sauf les profs de maths, d'espagnol et de musique.

– Je n'aurais jamais imaginé que la vie des top models puisse être aussi passionnante. Sincèrement. C'est comme lire la vie des saints, avec moins de morale et plus de paillettes.

Elle avait ri.

Aujourd'hui, c'était la fin de la première semaine de stage. Il l'avait laissée rester dans la classe pendant qu'il remplissait de la paperasse. Elle n'avait pas envie d'aller à la cafét' pour parler de mode, de maquillage ou regarder des défilés à la télé. Elle préférait rester assise là, à contempler la lumière rosée du soleil couchant embraser la classe.

Elle pensait à Ama et ça la rendait triste. Elle était touchée que son amie l'ait appelée, mais elle avait l'impression de ne pas avoir dit ce qu'il fallait. Elle aurait aimé pouvoir revenir en arrière pour répondre autrement. C'était comme si elle manquait d'entraînement en tant qu'amie.

M. Seaver était également moins bavard que d'habitude. L'air mélancolique, il vint déposer son dossier sur sa table avant de quitter la pièce. Il secoua distraitement la tête en soupirant :

– Qu'est-ce qu'on fiche ici, Polly ?

– Où ça ?

– Ici, à ce stage.

Elle tripota nerveusement son dossier. Ses yeux tombèrent sur l'illustration qu'elle avait dessinée sur la couverture. Elle pensa à Jo et à Bryn.

Elle comprenait confusément ce qu'il voulait dire mais elle fit mine de s'étonner :

– Comment ça ? On n'est pas bien ici ?

Elle aurait aimé qu'il lui réponde, parce qu'elle n'arrivait pas à savoir.

CHAPITRE 15

En attendant que ses parents la rappellent, Ama fixait le poster punaisé sur la cloison de bois de la cabane : d'immenses pins majestueux et une palette de fleurs sauvages multicolores sur fond de montagnes bleues un peu floues. Tout à fait le genre de paysage que son père lui avait promis mais qu'elle n'avait pas vu.

Lorsque, enfin, le téléphone sonna, elle se jeta dessus.

– Allô ?

– Ama, c'est toi ?

C'était sa mère. Ama croyait avoir retrouvé son calme mais, en entendant sa voix, elle réalisa qu'il n'en était rien.

– Ma chérie, ça va ? Où es-tu ?

Elle n'osait pas ouvrir la bouche, craignant de ne pouvoir contrôler ce qui allait en sortir.

– Ama, *où es-tu*[1] ?

Sa mère s'exprimait en français lorqu'elle était bouleversée.

1. En français dans le texte.

– Je suis là-bas. À la montagne.

– Tout va bien ? Qu'est-ce qui s'est passé ? Dis-moi, Ama.

– J'ai perdu le reste du groupe. Mais c'est bon maintenant.

– Ça va, tu es sûre ?

– Oui, oui, je vais bien.

Ama sentit les larmes rouler sur ses joues.

– Tu as retrouvé les autres ?

Sa mère était assez rassurée pour repasser à l'anglais.

– Pas encore.

Mince, elle n'avait pas de mouchoir.

– Pas encore ? Mais où sont-ils ? Et toi, où es-tu ? Tu as une drôle de voix.

Ama écarta le combiné pour se moucher discrètement dans sa manche. C'était dégoûtant mais tant pis.

– J'ai... j'ai trouvé un ranger. Il va essayer de les localiser.

– Les animateurs savent où tu es ?

– Non.

– Oh, Ama, *ma chérie !*

– Je me suis perdue. Je ne savais pas où aller.

Elle laissa libre cours à ses larmes.

– C'est l'horreur, maman. Cette rando, c'est l'enfer. Je veux rentrer à la maison.

– Mais, chérie...

Sa mère était visiblement très surprise.

– J'ignorais que c'était à ce point.

– Je ne voulais pas t'inquiéter.

– Je vais tout de suite contacter le secrétariat d'Aventure Nature. J'ai leur numéro d'urgence. Je te rappelle dès que je les ai eus.

– OK.

Ama raccrocha et regarda le poster en pleurant. Elle se vida de ses larmes. Abrutie par les sanglots, elle ne savait même plus pourquoi elle pleurait. Lorsque le téléphone sonna quelques minutes plus tard, elle sursauta.

C'était son père, cette fois.

– Tu rentres à la maison, Ama.

Jamais il n'avait paru aussi inquiet, lui qui était toujours si calme et posé.

– C'est vrai ? fit-elle en hoquetant malgré elle.

– Cet organisme est un ramassis d'incompétents. Les animateurs ne savent même pas où tu te trouves. Je vais faire en sorte qu'on vienne te chercher pour te conduire à l'aéroport. Tu rentres. Tu ne peux pas rester là-bas.

Le soulagement la berçait comme une vague tiède qui lui léchait les pieds.

– Ils disent que le stage ne sera pas mentionné dans ton dossier, si tu ne vas pas au bout, mais tant pis.

– C'est pas grave ! Pas de problème ! assura-t-elle en criant presque.

Elle allait rentrer à la maison. Ses parents la faisaient rapatrier. Fini la rando. Fini les ampoules. Adieu, Carly. Pas de descente en rappel ! Oh, oui, pas de descente en rappel ! Pas de F ! Rien dans son dossier ! Quel bonheur !

Elle renifla.

– Super.

– Ama, tu peux me passer le ranger, s'il te plaît ? Je dois régler ça avec un adulte.

– Mais…
– Va le chercher, s'il te plaît.
Elle posa le combiné et se rendit dans l'autre pièce. Elle toussota.
– Hum, Bob ? fit-elle timidement.
Il était en conversation sur une autre ligne.
– Excusez-moi, désolée de vous déranger, mais mon père voudrait vous parler.
Bob donna quelques instructions, raccrocha et la suivit.
– J'ai réussi à contacter Aventure Nature, l'informa-t-il en chemin avant de se lancer dans une discussion complexe avec son père.
Ama écoutait à peine. Elle s'assit sur une chaise le long du mur et contempla le poster en se grattant la tête. On ne la laissait pas parler, comme un bébé incapable de s'exprimer.
Après avoir raccroché, le ranger passa d'autres coups de fil. Ama avait la tête lourde, elle sentait ses paupières se fermer. Son estomac gargouillait. Elle s'assoupit.
Au début, elle rêva de nourriture. Dans son rêve, elle était dans la cuisine de chez Jo avec Polly, qui avait de la farine plein sa chemise western préférée. Elle lui passait des assiettes débordant de cookies, des montagnes de brownies, des boîtes en fer pleines de muffins aux pépites de chocolat et même un gâteau nappé d'un glaçage rose, mais Ama ne pouvait pas y toucher.
« Je n'ai pas les moyens », disait-elle en regardant les friandises se transformer en fleurs, des brassées de tulipes et de pâquerettes jaillir des casseroles et des rosiers grimpants envahir la cuisine.

« Mais, c'est gratuit », répliquait Polly.

– Ama ?

Bob le ranger interrompit ses rêveries.

– Maureen, ton animatrice, est au téléphone. Elle veut te parler.

Tout ensommeillée et un peu perdue, Ama prit le combiné.

– Maureen ?

– Ama, ma puce, je suis désolée, vraiment désolée de ce qui t'est arrivé.

Elle avait l'air au bord des larmes.

– C'est bon, c'est pas grave, marmonna Ama.

– Si, c'est grave. Quand on a quitté le campement ce matin, il faisait encore nuit et on s'est séparés tout de suite sur le sentier. Je ne t'ai pas vue, je croyais que tu étais avec le premier groupe. On s'est aperçus de ton absence à la pause. Avec Noah, nous sommes repartis en courant te chercher, mais tu n'étais plus là.

Ama hocha la tête, sentant ses yeux se remplir de larmes. Elle aurait dû les attendre sur place. C'était évident. Au début de la rando, les animateurs leur avaient bien dit de rester sur place si jamais ils se perdaient.

– Je m'en veux terriblement, Ama. On s'en veut tous. On était morts d'inquiétude.

– C'est pas grave, répéta-t-elle.

Était-ce vraiment arrivé le matin même ? Ça lui semblait déjà si loin.

Elle dit au revoir à Maureen, trop fatiguée pour lui raconter ce qui lui était arrivé ou lui dire qu'elle lui pardonnait.

En raccrochant, elle vit qu'il faisait noir dehors.

– Tu vas devoir coucher ici ce soir, lui expliqua gentiment Bob. Ton groupe passera te prendre en bus demain matin. Ils te déposeront à leur prochaine étape et Jared te conduira à l'aéroport. Tes parents vont te réserver un vol. Ils contacteront les accompagnateurs dès que ce sera fait.

Ama hocha la tête. Personne ne lui demandait son avis sur quoi que ce soit. Personne n'avait besoin de sa contribution.

– Et si on mangeait un morceau ? proposa-t-il. Tu as faim ?

Bob prépara du riz à la mexicaine en sachet. Elle était trop affamée et fatiguée pour en sentir le goût. Ou peut-être bien que ça n'avait pas de goût. Elle ne savait pas.

– Mon frère s'appelle Bob, lui dit-elle pour faire la conversation.

– Bob, le diminutif de Robert ?

– Non, Bob tout court.

Le ranger acquiesça, et ce fut à peu près les seuls mots qu'ils échangèrent.

Après le dîner, Bob lui expliqua qu'il dormait dans un petit studio à l'arrière du bâtiment et lui montra où installer son sac de couchage et se laver.

La pensée qu'elle allait dormir toute seule dans ce chalet avec un étranger de sexe masculin lui traversa l'esprit. Cela aurait pu l'inquiéter, mais elle n'avait pas peur. Elle était épuisée, et tellement soulagée. Elle rentrait à la maison ! Elle quittait à jamais cet endroit. Elle allait retrouver sa famille ! Elle allait pouvoir se lisser les cheveux. Elle s'imagina le moment béni où elle retrouverait ses précieux produits.

Et puis, elle avait confiance en Bob. C'était exactement le ranger tel qu'on se le représente. Grand, avec une voix grave et posée. Il avait une tête à figurer en photo dans les prospectus des parcs nationaux. Elle était convaincue qu'il n'avait jamais jeté un papier ou allumé une cigarette en forêt.

Ama étendit son duvet en bâillant. Tout à coup, ses grosses chaussures lui manquaient. Elle réalisa qu'elle les avait laissées à l'entrée du chalet. Elle alla les chercher et les posa soigneusement à côté de son sac de couchage. Elle se sentirait plus rassurée de les avoir à côté d'elle.

– Excusez-moi, Bob. Elle a été prise où, cette photo ? demanda-t-elle.

– Cette photo ?

Il regarda l'affiche avant de se tourner à nouveau vers elle.

– Mais c'est ici.

– *Hein ?* Il a fait ça ?

Pour une fois, Jo avait réussi à capter l'attention de Bryn.

Elle changea son portable d'oreille.

– Ouaip. Je les ai vus au *Midnight Café*. Il avait presque la tête dans le décolleté de cette fille.

– Tu veux dire Effie ?

– Oui, Effie.

Jo détestait ce prénom. Elle qui ne se lassait pas de se répéter « Zach » ne supportait pas de prononcer ces deux syllabes.

– Waouh. Ça craint.

– Grave. M'en parle pas.

– Attends, raconte-moi *exactement* ce qui s'est passé. Dis-moi *tout*. C'était hier soir ?

Jo lui fit un récit fidèle et détaillé, mais Bryn n'arrêtait pas de l'interrompre. Aussi se lassa-t-elle vite du « exactement » et du « tout ». C'était peut-être distrayant à entendre, mais c'était pénible à raconter.

– Waouh, répéta Bryn lorsqu'elle eut fini. Je croyais pourtant qu'il t'aimait vraiment.

Était-ce de l'empathie ou autre chose qu'elle décelait dans sa voix ?

Elle allait répondre « moi aussi », mais les larmes lui montèrent aux yeux. En fin de compte, avait-elle envie d'ouvrir son cœur à Bryn ? Heureusement qu'elle lui avait raconté au téléphone et pas en personne. Elle se méfiait, alors que jamais elle ne s'était méfiée ainsi de Polly ou d'Ama.

– C'est pas grave, s'entendit-elle répondre. Encore un mec qui a la phobie de l'engagement, c'est tout.

– Comment ça, c'est pas grave ? répéta Bryn, incrédule. Zach sort avec une autre fille comme s'il avait complètement oublié ton existence et tu dis que ce n'est pas grave ?

Jo avait très envie de raccrocher. Pourquoi avait-elle appelé Bryn, d'abord ? Quel était le but de la manœuvre ? Elle s'efforça de retrouver un soupçon de dignité.

– Écoute, Bryn, son ancienne copine est réapparue. Il était content de la voir, point. Ce n'est pas un crime.

Elle espérait que sa voix ne tremblait pas trop.

– Non, pas pour autant que je sache, concéda Bryn.

Jo aurait ri si elle avait pu.

– C'est juste le genre de type qui ne peut pas se contenter d'une seule fille. Et moi, je ne suis pas non plus un modèle question engagement, tu sais. Je me demande comment je réagirais si un de mes ex réapparaissait.

C'était pure affabulation, mais elle se sentit mieux de l'avoir dit.

– Laisse-moi juste te poser une question, répliqua Bryn. Tu crois vraiment qu'il a autant d'états d'âme que toi en ce moment ?

Jo sentit une larme rouler sur sa joue et s'écraser sur sa main. Elle connaissait la réponse, mais elle préféra se taire.

Ama se réveilla dans la cabane des rangers. Elle se brossa les dents et rangea ses affaires. En apercevant son reflet dans le miroir, elle fit la grimace. Sa nuit à jouer les tortues dans son duvet n'avait pas arrangé sa coiffure.

Elle sortit attendre sur le banc, au bord de la route, comme le lui avait indiqué Bob. Il n'était que huit heures du matin, mais déjà le sable volait sous le soleil implacable. Son visage chauffait et la poussière s'accrochait dans ses cheveux hirsutes. Elle essaya de les brosser en passant la main dedans, mais en vain.

Elle se racornissait de minute en minute. Elle patienta deux heures sans rien voir venir. Pas même un insecte. Elle aurait été contente de voir passer une fourmi.

Enfin, le bus jaune surgit à l'horizon, sorte de deuxième soleil, en un peu moins brillant et un peu plus sale. Elle s'imagina comment les autres devaient la voir, assise en plein cagnard, la nunuche qui s'était perdue, avec sa grosse touffe de cheveux. Elle s'était rarement sentie aussi ridicule.

Dans un nuage de poussière, le bus s'arrêta et la porte s'ouvrit. Maureen, qui était au volant, lui serra la main lorsqu'elle monta à l'intérieur mais, à part ça, le groupe demeura silencieux. Sa respiration sifflante résonnait d'autant plus fort à ses oreilles. Elle tira son sac à bord, ses chaussures cognant dans l'allée centrale. Les joues lui cuisaient, brûlantes de soleil et de honte.

Il n'y avait plus qu'une place libre, et c'était à côté de Carly. Bon, tant pis. Bruyamment, sans la moindre grâce, Ama fourra ses affaires en dessous et se laissa tomber sur son siège. Le bus se remit en marche et elle garda les yeux rivés droit devant elle.

Soudain, elle sentit un truc lui frôler la main. Elle baissa la tête pour découvrir que Carly avait déposé quelque chose sur ses genoux. Elle lui lança un coup d'œil avant de regarder.

Elle découvrit deux élastiques marron et le mythique flacon de baume pour cheveux aux protéines de soie Silky Plus, format voyage.

La croyance populaire veut
qu'une branche de saule
à l'entrée de la maison
protège ses habitants du mal
et de la sorcellerie.

CHAPITRE 16

– Bon sang, Polly, mais tu as maigri ! remarqua sa mère en venant la chercher à la station de métro pour son dernier jour de stage.

Comme Dia était restée travailler tard à l'atelier cette semaine, elles s'étaient à peine vues.

– J'ai seulement perdu cinq cents grammes depuis lundi.

– Tu es sûre ?

– Oui, c'est juste parce qu'on se voit tous les jours d'habitude, affirma Polly.

Effectivement, on peut vivre avec quelqu'un sans le voir. C'était d'autant plus vrai pour Dia. Une fois, Polly avait traîné une conjonctivite pendant quatre jours sans que sa mère ne le remarque. Parfois, il faut s'éloigner pour se voir vraiment.

– Peut-être...

Cela perturbait visiblement sa mère.

– Il faut que tu arrêtes de maigrir, ma puce, d'accord ? Tu n'as pas l'air en forme.

Polly acquiesça, sans conviction. D'une certaine façon, elle était contente que Dia ait enfin remarqué.

Elle était assez fière d'avoir perdu du poids alors que sa mère n'avait jamais réussi malgré ses multiples régimes. C'était tellement rare de réussir là où les adultes échouaient.

Sa mère la prit par les épaules tandis qu'elles traversaient le parking pour rejoindre sa voiture. Polly était à la fois proche d'elle et complètement détachée, c'était bizarre.

Elle réalisa qu'elle n'avait rien mangé de la journée. Elle se sentait petite, vide et ça lui plaisait. Le but de l'enfance est de prendre de plus en plus de centimètres et de kilos tout en recevant de moins en moins d'attention. C'était un plaisir étrange de partir dans l'autre sens pour une fois, de se dire qu'on pouvait faire marche arrière en cas de besoin.

– Je vais te déposer à la maison avant de retourner à l'atelier, d'accord ?

– D'accord. Hé, Dia ?

– Oui ?

Sa mère manœuvra pour sortir du parking en plissant les yeux comme si elle avait mal à la tête.

– Je peux venir avec toi ? Je pourrai dessiner ou lire, je ne te dérangerai pas.

Quand elle était petite, Polly accompagnait souvent sa mère à l'atelier. Dia lui avait installé un parc pour jouer et, plus tard, un petit bureau pour gribouiller. Elle avait un lit pliant où faire la sieste et sa mère en profitait pour faire des croquis d'elle endormie. L'atelier était plein à craquer. Il y avait des sculptures, des photos, du bois, de la terre dans tous les coins, des piles de trucs que sa mère avait ramassés dans la rue, des croquis punaisés aux murs, des provisions de nourriture, et une vieille plante verte rabougrie.

Quand Polly avait six ans, Dia avait fait une sculpture pour laquelle elle avait remporté un prix prestigieux. On en avait fait un bronze qui avait été installé sur une place avec une plaque gravée à son nom. À la suite de ça, Dia avait été contactée par une galerie d'art new-yorkaise pour exposer son œuvre et avait reçu de nombreuses commandes.

Mais, au fil du temps, elle avait accumulé du retard et la plupart des projets étaient restés inachevés. Elle avait reporté l'exposition d'année en année. Alors âgée de dix ans, Polly s'était fait la réflexion que sa mère semblait préférer le rôle d'artiste incomprise au succès.

– Oh, Polly...

Dia lâcha le volant d'une main pour boire une gorgée de son café glacé tout en gardant les yeux rivés sur la route.

– Pas aujourd'hui. Il faut vraiment que je me concentre. Un autre jour, OK ?

Elles traversèrent la ville en silence, puis sa mère s'engagea dans Solomon Street.

– Hé, Dia ?

– Oui ?

– Il y a un congrès de jeunes mannequins à New York le mois prochain. Toutes les filles du stage en parlent ; j'aimerais vraiment y aller.

Sa mère haussa les sourcils sans toutefois se tourner vers elle.

– À New York ?

– On passe trois nuits sur place. Il y aura des agents

venus des quatre coins du pays. Il faut poser sa candidature, ce n'est pas sûr que je sois prise, mais je voudrais essayer quand même.

– Laisse-moi deviner. S'ils t'acceptent, tu dois envoyer un gros chèque pour t'inscrire, c'est ça ? marmonna Dia. Polly, je crois que tu prends tout ça un peu trop au sérieux. Tu as perdu du poids, tu ne penses plus qu'à ces histoires de mannequin. Je ne t'ai jamais vue comme ça. Je ne comprends pas.

Elle se trompait. Polly avait déjà eu de multiples passions aussi intenses que fugitives : les papillons, le papier mâché, les pirates, les romans de Philip Pullman. C'était juste le sujet qui changeait.

– Ça m'intéresse, c'est tout. Je voudrais voir si je peux réussir dans cette voie.

Dia gara la voiture devant la maison et se tourna vers sa fille.

– Quel est l'intérêt ? Être mannequin, ça se résume à marcher de long en large en essayant de donner une certaine image de soi. Tu pourrais employer ton talent à faire des choses bien plus captivantes. Franchement.

Polly tripotait la couture de son siège.

– Si je suis prise, j'aimerais vraiment y participer.

Dia pianota sur le volant. Polly sentait qu'elle avait hâte de s'en aller.

– En plus, ça coûte cher, tout ça. Et puis il faudrait quelqu'un pour t'accompagner. Non, Polly, je ne vois pas comment on pourrait s'arranger.

– S'il te plaît, Dia.

Sa mère laissa échapper un long soupir.

– Je ne pense pas que ce soit une bonne idée.

Mais elle n'avait pas dit non. Polly sortit donc de la voiture, referma la portière et rentra chez elle, pleine d'espoir.

Parce que Dia était fatiguée. Pas seulement aujourd'hui, mais en général. Parce qu'un non ferme et déterminé demandait beaucoup plus d'énergie qu'un oui. Polly avait toujours pu compter sur ce facteur. Parce que sa mère n'avait pas beaucoup de volonté tandis que Polly n'avait presque rien d'autre.

Le campement était très calme le lendemain soir. Un peu éteinte, Ama effectua ses tâches habituelles sans dire un mot. Ils étaient tous tellement organisés pour se partager le travail et préparer le dîner qu'ils n'avaient plus besoin de parler. Les pâtes à la sauce tomate avaient bien meilleur goût que d'ordinaire. Maintenant qu'elle savait qu'elle partait, Ama pouvait se détendre. Lorsque Noah voulut lui piquer ses cookies au chocolat, elle se défendit en riant. Elle joua le jeu un moment, même si elle trouvait ça un peu débile.

Après le dîner, elle se sentait d'humeur pensive. Elle s'éloigna pour se percher sur un rocher dominant la vallée. Le cercle écarlate du soleil disparaissait derrière les montagnes, zébrant le ciel d'orange et de rose. Elle avait l'impression de ne pas avoir vu de coucher de soleil depuis une éternité.

Lorsque Polly lui avait parlé de la colline de leur enfance au téléphone, elle l'avait mal pris, elle était outrée. Pourquoi Pony Hill, d'abord ? Était-ce son vrai nom ou juste un surnom ? Mais depuis, elle n'avait cessé d'y penser. Elle cacha ses mains glacées dans ses manches en essayant de se rappeler pourquoi elle l'aimait tant autrefois.

Elle aimait la dévaler en courant, avec l'impression que son corps allait plus vite que ses jambes, l'impression qu'elle avançait sans effort, par le simple effet de la gravité, sans pouvoir rien contrôler. Lorsqu'elles venaient voir leurs arbres, après l'école, elles arrivaient au sommet de la colline et voyaient le bois, en contrebas. Elles étaient obligées de dévaler la pente en courant, elle était trop raide. Parfois, avec Jo et Polly, elles couraient main dans la main, de plus en plus vite, en hurlant. Le plus souvent, elles finissaient par rouler à flanc de colline. Elles chassaient ensuite les brins d'herbe et les feuilles mortes de leurs pantalons, de leurs T-shirts, de leurs cheveux et de leurs chaussettes. Parfois, elles se laissaient rouler sur le côté depuis le sommet, en s'efforçant de rester bien droites, les bras le long du corps, mais ça finissait généralement n'importe comment. En hiver, quand il y avait de la neige, elles glissaient à plat ventre sur leur manteau, la tête la première. Le week-end, elles apportaient la luge de Jo.

Ama aimait cette sensation de vitesse, à l'époque. Elle aimait sentir ce petit frisson au creux du ventre. De toute façon, l'herbe et la neige amortissaient leur chute, elles ne risquaient pas de se faire mal. Elle aimait la vue qu'on avait du sommet de la colline. Elle aimait essayer de repérer leurs arbres parmi les autres, même si c'était difficile.

Elle posa son menton dans sa main. Elle n'avait pas le même rapport à son corps autrefois. Elle en profitait davantage, elle vivait plus pleinement. Elle était plus proche de la terre.

Elle se souvenait aussi de la fatigue qu'on éprouvait après une journée en plein air. C'était une bonne fatigue, poussant à la langueur et non à l'agacement, qui apaisait plus qu'elle ne crispait. Comme ce soir.

Le soleil disparut complètement derrière les montagnes, la vallée rayonnait de splendides couleurs. Ama crut reconnaître le paysage du poster.

Elle décida de dormir à la belle étoile ce soir-là. Sans trop savoir pourquoi.

– Je n'inviterai personne, j'te jure, promit Carly.

Ama éclata de rire malgré elle.

– Merci, mais j'ai envie d'être au grand air ce soir.

Allongée dans son duvet, elle distinguait une multitude de bruits. Les craquements du feu de camp qui s'éteignait peu à peu. Le vent léger qui bruissait dans les feuilles. Et surtout les oiseaux. Toutes sortes d'oiseaux, dont sans doute quelques hiboux. Et puis une plainte mélancolique, un rapace, un coyote ou peut-être un loup. Elle aurait dû se raidir, mais non. Ses membres étaient lourds, détendus, elle avait l'impression qu'ils s'enfonçaient dans le sol. Elle n'était pas d'humeur peureuse, allez savoir pourquoi. Elle avait survécu jusque-là sans être dévorée par les loups, elle tiendrait sûrement une nuit de plus.

« Qui êtes-vous ? Qu'avez-vous fait de notre Ama ? » la taquinait Jo lorsque ses réactions la surprenaient. Cela faisait longtemps qu'Ama ne s'était pas surprise elle-même.

Elle se laissa bercer par le concert de pépiements.

Alors qu'elle sombrait dans le sommeil, un souvenir lui revint, plus ancien encore que Pony Hill. Les oiseaux avaient réveillé en elle la mémoire profondément enfouie de Kumasi, au Ghana : des impressions, des bruits, des odeurs, plus que des scènes complètes. Il n'y avait pas les mêmes oiseaux là-bas. Elle se rappelait les cris rauques ou le chant mélodieux de ceux qui se perchaient dans le manguier, devant la maison. Et ceux qui se posaient dans la cour où elle jouait et qui, surpris par le vacarme d'un Klaxon, s'envolaient tous d'un coup. Ama se revit assise sur une couverture, dans l'herbe, levant la tête pour suivre des yeux la nuée d'oiseaux dans le ciel bleu.

Tout à coup, elle regretta que son petit frère Bob, qui était né ici, n'ait pas connu tout ça. Il lui manquait tellement avec ses dents de lait, sa bouille toute ronde. Lui qui n'aurait aucun de ces souvenirs pour tapisser sa mémoire. Lui qui n'avait jamais eu un manguier devant sa porte, mais juste un couloir à la moquette grise et deux ascenseurs.

Nicky, Katherine et le corps de Polly jouaient au mikado par terre dans l'entrée ensoleillée et trop climatisée des Rollins. L'esprit de Polly, lui, flottait quelque part près du plafond.

Elle s'occupait mieux des enfants lorsque son esprit restait dans son corps, elle le savait, mais aujourd'hui, malgré tous ses efforts, il ne tenait pas en place.

Aujourd'hui, elle voulait oublier la fille affalée sur la moquette, qui avait la chair de poule et l'estomac dans les talons. Aujourd'hui, elle s'imaginait couchée sur le papier glacé d'un magazine. Elle voyait son visage en gros plan dans une pub pour un gloss ou un déodorant. Bien sûr, ils l'avaient un peu arrangée, un coup de Photoshop et hop, elle avait un sourire parfait et un regard envoûtant.

Elle imaginait les milliers d'exemplaires du magazine contenant sa photo empilés dans un entrepôt. Puis livrés en camion à travers le pays. Elle les imaginait dans la soute d'un avion, expédiés dans le monde entier. Et dans chacun des magazines, il y avait un petit bout d'elle-même qui se retrouvait distribué aux quatre coins de la planète.

Elle s'imaginait les lecteurs qui découvraient sa photo en pleine page – ils la regardaient, elle les regardait. Elle voyait et elle était vue par tous les gens qu'elle avait rencontrés, ou qu'elle croiserait un jour et même ceux qu'elle ne connaissait pas mais qu'elle aimerait connaître, comme son père. Si son père la voyait, la reconnaîtrait-il ? Croirait-il un instant voir sa propre mère quand elle était jeune ?

Il était beaucoup plus facile de parcourir le monde à plat sur le papier qu'en chair et en os. Lorsqu'on ne pesait plus rien, on pouvait être partout à la fois. « J'aimerais vivre en 2D, plutôt qu'en 3 », pensa-t-elle. Car c'était ça, le véritable privilège des mannequins.

CHAPITRE 17

– Vous avez quelque chose de prévu ce soir ? demanda Jo à Megan, qui rapportait une liasse de menus.

Elle la glissa dans l'étagère, derrière les couverts, avant de répondre, d'un ton hésitant :

– Désolée, on sort juste entre serveuses. C'est Effie qui a tout organisé.

– Parce que ma mère n'est pas là. La maison est vide, vous pourriez venir chez moi.

Jo ne pensait pas sortir si vite son joker, mais bon…

Megan avait l'air navrée.

– Je ne sais pas, Jo. Je crois qu'Effie a prévu autre chose.

– J'ai des tas de chips, de trucs à apéritif. Je suis allée faire les courses avec ma mère. On pourrait aussi inviter les garçons. Et… je ne devrais peut-être pas dire ça mais…

Elle baissa la voix.

– … le bar est plein.

La partie du cerveau de Jo qui fonctionnait encore normalement se demandait pourquoi elle racontait des choses pareilles. Sa mère verrait tout de suite qu'elle avait invité des gens et qu'ils avaient vidé les bouteilles. Elle n'avait jamais fait ce genre de truc et elle risquait de s'attirer de gros ennuis. Pourquoi avait-elle proposé ça ?

– Jo...

Megan semblait peinée.

– Une autre fois, peut-être. Effie a été catégorique : on passe la soirée entre serveuses. Ce n'est pas moi qui décide.

– Je suis souvent sortie avec vous cet été. Tu ne peux pas le lui dire ?

Megan fit la grimace. Jo n'était pas sûre d'avoir vraiment envie de savoir ce que ça signifiait.

C'était en rapport avec Zach, sans doute. C'était en grande partie grâce à lui qu'elle était si populaire au *Surfside* mais, depuis qu'Effie avait débarqué en affirmant que c'était son copain, sa situation était devenue délicate. Personne ne lui adressait plus la parole, personne n'osaït la regarder. On l'évitait. Même Zach l'évitait.

Pourquoi prenaient-ils tous le parti d'Effie ? Jo était pourtant là depuis le début de l'été. Étaient-ils au courant qu'elle était souvent sortie avec Zach ? Que c'était plus qu'un simple flirt ? Elle avait autant de droits sur lui qu'Effie, sinon plus.

À croire qu'ils avaient tous peur de cette fille. Sauf que Jo n'était pas d'accord. Elle n'avait pas du tout peur d'Effie. Elle allait faire en sorte qu'Effie ait peur d'elle.

Les derniers clients libérèrent leur table sur le coup de dix heures, comme s'ils avaient compris que Jo n'était pas pressée de rentrer chez elle. Elle regarda les serveuses partir, toutes pomponnées. Au cours de la soirée, Effie s'était imposée comme leader du groupe et, visiblement, elle était plus à cheval sur la hiérarchie que les autres.

Jo ne voulait pas rentrer dans une maison vide, sans rien à faire. Elle n'avait pas envie d'appeler Bryn. Elle aurait aimé pouvoir téléphoner à Polly, mais elle avait été odieuse avec elle. Elle avait trop honte de ne pas avoir rappelé son père pour oser lui téléphoner ce soir.

– Je ne comprends pas pourquoi tu ne l'as pas rappelé, lui avait dit sa mère avant de partir pour Baltimore le matin même.

– Il n'a qu'à m'appeler, lui, s'il a quelque chose à me dire, avait-elle répliqué.

– Il ne veut peut-être pas tomber sur moi.

Mm, c'était une éventualité.

– Il a mon numéro de portable, avait-elle objecté.

– Tu sais, les parents et la technologie...

C'était vrai dans le cas de son père. En tant que médecin, il avait toujours son bipeur sur lui. Il ne connaissait sans doute pas son numéro de portable.

Jo traîna un moment dans le bureau du *Surfside*. Elle se demandait ce qu'Ama était en train de faire. Même après tout ce qui s'était passé, elle savait qu'Ama écouterait attentivement le récit de ses déboires et qu'elle compatirait à son malheur. C'était le genre d'amie qui partage vos joies et vos peines. Hélas, elle était au milieu des montagnes.

Jo décida soudain de lui écrire au dos d'un menu pour enfants, imprimé sur un set de table. Elle ne mentionna ni le restaurant, ni Zach pour se concentrer sur ses parents. « Ils disent qu'ils se séparent à l'essai pour le moment, mais j'ai l'impression que ça va bien leur plaire. Ils s'entraînent depuis longtemps. » Au bas de la lettre, elle ajouta : « Amuse-toi bien avec les jeux. » Elle piqua une enveloppe sur le bureau de Jordan (ainsi que deux boîtes de Tic-Tac) et écrivit l'adresse d'Ama à Bethesda, sachant que sa mère lui ferait suivre.

Hidalgo lui apporta un bol de bisque de crabe avec plusieurs petits paquets de crackers.

– Merci, lui dit-elle en s'efforçant de sourire. *Gracias.*

Elle avait envie de pleurer sans trop savoir pourquoi.

Quand Polly était partie, elle aurait dû l'appeler le soir même. Elle aurait dû insister jusqu'à ce qu'elle décroche et s'excuser. Elle aurait dû lui envoyer un gros paquet de cookies au chocolat. Elle aurait voulu pouvoir effacer les mots qu'elle avait dits à Bryn ce jour-là. Mais ils étaient sûrement gravés dans sa mémoire. Elle lui pardonnerait peut-être, mais jamais elle n'oublierait.

Enfin, Jo quitta le restaurant.

– Boucle d'Or.

Zach la surprit quelques mètres plus loin.

Malgré elle, son cœur fit un bond dans sa poitrine.

– Salut.

– Salut, ça va ?

« Je suis censée être en colère après toi, lui répondit-elle dans sa tête. T'es qu'un pauvre type. » Alors, pourquoi était-elle si contente de le voir ?

– Je rentre chez moi.

Il regarda l'heure sur son portable.

– Tu as encore trente-cinq minutes avant l'heure fatidique.

Elle était flattée qu'il s'en souvienne.

« Ça ne fait que quelques jours. Comment pourrait-il avoir oublié ! » se houspilla-t-elle.

– Je peux te raccompagner en passant par la plage ? proposa-t-il.

– T'as pas une copine, dis-moi ?

Elle voulait prendre un ton sarcastique et lourd de sous-entendus, mais c'était raté.

Il se mit à marcher à côté d'elle et elle lui emboîta le pas.

– On fait juste un bout de chemin ensemble, précisa-t-elle.

– À t'entendre, on croirait que je suis marié, fit-il en lui prenant la main gaiement. Je t'assure, ce n'est pas vrai.

« Ça ne suffit pas, ne te laisse pas embobiner », dit une voix dans sa tête avec l'intonation d'Ama.

« Ne lui fais pas confiance, il ne le mérite pas », renchérit une voix qui ressemblait à celle de Polly.

Mais Jo le laissa garder sa main. Le premier soir, il lui avait dit qu'elle avait de belles mains. Elle voulait encore croire en lui.

« Ça ne devrait pas te demander tant d'efforts », remarqua Ama.

« La ferme, les filles ! » leur cria-t-elle dans sa tête.

Au lieu de l'attirer au bord de l'eau, comme d'habitude, il la conduisit vers la promenade. Elle était étonnée qu'il veuille marcher en pleine lumière, mais elle se trompait sur ses intentions. Il l'entraîna en dessous, où il faisait noir et humide, où le sable était gluant.

– Boucle d'Or ?

– Oui ?

– J'ai pensé à toi toute la journée.

« Quand tu n'étais pas dans les bras d'Effie. » C'était ce qu'elle aurait dû répondre. Mais elle ne dit rien. Il était là pour elle et rien que pour elle, et elle n'avait pas envie de gâcher cet instant.

Lorsqu'il lui prit l'autre main, elle se laissa faire. Il lui faisait tourner la tête. Ses pommettes légèrement rosées sous son bronzage lui donnaient l'air plus innocent qu'il ne le méritait. Il paraissait en permanence heureux et insouciant. Sa décontraction et son assurance étaient contagieuses.

Elle envisagea différentes manières de se soustraire à ses baisers, espérant de tout son corps qu'il allait l'embrasser. Elle prendrait ce qu'il avait à offrir. Elle ne pouvait pas faire autrement. Elle voulait être ici, maintenant et nulle part ailleurs. Elle ne voulait plus penser.

Il se pencha vers elle et l'embrassa. Elle ne fit aucun geste pour le repousser. Il l'enlaça, laissant courir ses mains dans son dos, serrant sa poitrine contre la sienne. Elle lui rendit ses baisers. Elle arrêta complètement de penser.

Elle sentit ses mains sous son T-shirt, ses paumes chaudes contre son dos nu. Son cœur battait à tout rompre. « Ne me demande pas de réfléchir, lui dit-elle dans sa tête. Ne me demande pas de parler. Là, maintenant, je ne sais plus dire non. »

Ce ne fut pas Zach ni ses mains baladeuses qui l'obligèrent à redescendre sur terre. Ce fut un cri et des bruits de pas sur le sable.

Elle leva la tête, brutalement tirée de son rêve. Il y avait une fille juste devant eux, et trois autres plus loin.

Zach la lâcha et s'écarta aussitôt.

Jo dévisagea la fille. C'était Violet. Elle s'approcha assez pour qu'ils la reconnaissent avant de rejoindre les autres en courant. Jo distingua Effie. Et aussi Megan et Sheba. Elles les fixaient à quelques mètres de distance.

Une goutte glacée lui tomba sur le sommet du crâne comme pour la réveiller. Bon sang. Qu'est-ce qu'elle fabriquait là ? Avec Zach, sous la promenade… Quel cliché.

Jo savait d'instinct que, pour une fille comme Effie, c'était encore pire de les surprendre tous les deux en présence de ses amies. Elle ne pouvait pas tourner le dos, les éviter ou quoi que ce soit. Elle n'avait aucun moyen de garder la face, de sauver les apparences, de faire croire aux autres que Zach la préférait à Jo.

Si Jo avait eu des doutes lorsqu'il lui avait assuré qu'Effie n'était pas sa petite amie, elle en avait encore plus maintenant. Toute joie, toute malice l'avaient quittée d'un seul coup.

– Je vais y aller, murmura-t-elle.

Sous ces regards accusateurs, elle se redressa et s'éloigna.

Elle se sentait vide. Comme si elle avait chapardé des miettes en essayant de se convaincre qu'il s'agissait d'un vrai repas. Elle avait l'impression de ne pas avoir mangé depuis plusieurs jours.

Elle aurait aimé faire retour ou même avance rapide, pour éviter la tristesse, la regarder de loin, la reporter à plus tard, mais elle s'abattait sur elle ici, maintenant. C'était déprimant de s'avilir à ce point. C'était triste d'essayer de se satisfaire de si peu.

– Maman ?

– Ama ?

– Oui, c'est moi.

– Qu'est-ce qui t'arrive ? Ça va ?

– Oui, ça va.

Sa voix était nettement plus posée, cette fois.

– Maureen m'a laissée appeler avec le téléphone satellite.

– Où es-tu ? Tu devrais être en route pour l'aéroport, non ?

– Nous sommes encore à Yosemite. Maman ?

– Oui ?

– Je crois que je ne vais pas rentrer ce soir.

– Ama ! *Pourquoi ? Il y a un problème*[1] ? Ils doivent te déposer à l'aéroport, ton billet est réservé.

– Oui, je sais. Ils veulent bien m'y conduire, mais je pense que je dois rester.

– Mais pourquoi, Ama ?

Elle ne répondit pas tout de suite. Heureusement qu'elle s'était isolée du groupe.

1. En français dans le texte.

– Parce que je pense que je dois aller au bout de la rando.

– Ama, tu ne leur dois rien. Tu es libre de faire ce que tu veux.

– Je sais. C'est vrai. Mais justement... c'est ce que je veux faire.

– Quoi ? Tu m'as dit hier que c'était l'horreur !

Ama soupira.

– Je sais. Je ne sais plus vraiment ce que je veux. J'ai peur pour la descente en rappel, mais je crois qu'il vaut mieux que je reste. Pas pour leur faire plaisir, pas pour vous faire plaisir. Pour moi. Tu comprends, maman ? Je serai plus fière de moi si je vais au bout.

– C'est les autres qui t'ont convaincue de rester ? s'inquiéta sa mère.

– Non, maman. Pas du tout. C'est mon choix.

– Tu es sûre ?

– Oui.

Elle baissa les yeux vers ses grosses chaussures.

– C'est magnifique ici, tu sais.

– C'est vrai ?

– Oui, ça me fait un peu penser à Kumasi.

– Ah, oui ?

Stupéfaite, sa mère resta un instant silencieuse.

Après avoir dit au revoir et avoir raccroché, Ama se rendit compte qu'il était beaucoup plus facile de rester quand on était libre de partir.

Jo reçut un texto de Bryn un quart d'heure avant le début du service de midi :

C'était ce qu'elle avait prévu de faire. D'ailleurs, elle était encore en pyjama. Elle avait déjà simulé plusieurs quintes de toux dans la cuisine pour se convaincre et convaincre les possibles témoins du voisinage.

Mais à la lecture de ce message, elle n'était plus si sûre de la conduite à tenir.

Tout le monde était au courant. Tout le monde. Et Bryn se chargerait de prévenir ceux qui l'ignoraient. Même Hidalgo devait être au courant. Son exploit était au centre de toutes les conversations alors que le service n'avait pas encore commencé.

Qu'allait faire Zach ?

Elle se rendit dans sa chambre. Il fallait qu'elle s'habille vite. D'accord, elle était la traînée de service, l'ennemi public numéro un au *Surfside*, mais elle n'était pas lâche. Elle accepterait d'être marquée au fer rouge s'il le fallait, mais elle ne déserterait pas. Le fait que tout le monde soit au courant était assez libérateur, finalement.

Bryn fut la première à la voir lorsqu'elle passa la porte. Elle la rejoignit en un éclair.

– Tu as reçu mon texto ? haleta-t-elle, complètement paniquée.

Jo acquiesça.

– Alors, qu'est-ce que tu fais là ?

Bryn en avait le souffle coupé. C'était le feuilleton de l'été et elle était visiblement flattée d'y jouer un rôle.

– Qu'est-ce que je suis censée faire ? Dire que je suis malade pendant tout le mois ?

Jo ne se donna même pas la peine de répondre à voix basse.

– Violet a dit qu'Effie voulait te tuer. C'est tout, siffla Bryn.

– Si elle me tue, il y aura beaucoup de témoins.

Quand on est dans une situation aussi désespérée, l'intérêt, c'est qu'on se moque de ce que les gens vont dire ou de ce qui peut vous arriver.

– Désolée, Jo, mais t'es cinglée.

– Merci de t'inquiéter de mon sort.

Jo rangea ses affaires dans son casier, puis enfila son tablier. Elle vit Jordan en passant devant le bureau. Elle espérait qu'il la mettrait à la vaisselle, selon son habitude, mais il préféra la contrarier.

– Tu t'occupes du sol aujourd'hui, Joseph, aboya-t-il. Zone 1.

Jo hésita un instant. Elle s'éclaircit la voix.

– C'est Zach, le serveur ?

Jordan la dévisagea. Il était au courant, lui aussi.

– Il a appelé pour dire qu'il était malade.

« Le lâche », pensa Jo. Elle parvenait à peine à se représenter son visage. Elle aurait voulu qu'il soit quelqu'un de fort, d'important, quelqu'un dont l'amour pouvait tout changer, mais elle n'arrivait pas à s'en convaincre aujourd'hui.

En entrant dans la salle, elle eut le pressentiment que Jordan en savait beaucoup plus qu'elle ne l'avait cru. Elle devina quelle serveuse s'occupait de la zone 1 sans avoir besoin de regarder. Peut-être qu'il s'était aperçu qu'elle lui piquait ses Tic-Tac.

Elle vit Effie à l'autre bout de la zone 1. Megan était

en zone 3. Violet s'occupait des couverts. Jo les fixa tour à tour. « Alors ? Ça donne quoi ? » leur demanda-t-elle d'un regard, mais elles détournèrent la tête. Scott ne lui adressa pas un regard non plus, mais il passa en sifflotant *Under the Boardwalk*[1].

Pour savoir qui sont vos vrais amis, essayez donc d'embrasser le mec d'une autre, vous serez fixés. Dans le cas de Jo, la réponse était simple : elle n'avait aucun ami.

Une seule personne ne détourna pas les yeux en la voyant arriver. Une seule et unique personne qui malheureusement s'avérait être Effie. L'œil était noir et le regard pas franchement sympathique.

Jo envisagea un instant d'aller la voir pour lui présenter ses excuses, mais qu'aurait-elle pu dire, exactement ? Ce n'était pas un malentendu ou un accident. Elle pouvait promettre qu'elle ne le referait plus, mais c'était un peu tard. Elle ne pouvait pas forcer Zach à aimer davantage Effie ni Effie à aimer moins Zach. C'était lui qui devait s'excuser, Jo ne pouvait pas le faire à sa place.

De toute façon, sa rivale dégageait des ondes si négatives qu'elle préféra garder ses distances.

– Salope, lui siffla Effie en passant pour aller à la cuisine.

Pétrifiée sur place, Jo se sentit rougir. Elle baissa les yeux vers la moquette mouchetée tendance vomi, puis

1. *Under the Boardwalk* (« Sous la jetée »), chanson des Drifters (1964), reprise entre autres par les Beach Boys et les Rolling Stones, où un couple se retrouve sous la promenade, à l'abri des regards.

les releva. Personne n'osait la regarder. Ravalant ses larmes, elle se dirigea vers la console de service pour remplir les panières.

– À mon avis, je ne vais pas récolter de gros pourboires, aujourd'hui, glissa-t-elle d'un ton léger à Bryn.

Mais même son amie ne lui adressait plus la parole.

Jo renonça à se joindre aux autres pour déjeuner, préférant manger avec Carlos et Hidalgo dans la cuisine. Heureusement, ils lui parlaient encore, même si c'était en espagnol. Dans une langue hésitante, elle demanda à Hidalgo des nouvelles de sa fille puis, après le coup de feu de midi, apporta aux deux cuisiniers des barres chocolatées.

Personne d'autre ne lui adressa un mot jusqu'à ce qu'elle retourne dans le vestiaire ranger ses affaires, soulagée de ne pas travailler le soir.

Alors qu'elle s'apprêtait à partir, Effie se dressa devant elle, les bras croisés.

– T'as pas intérêt à revenir.

– C'est mon boulot, répliqua-t-elle courageusement, sans ciller ni reculer.

– T'es pas la bienvenue ici.

– Peu importe, c'est mon boulot, répéta Jo avant de la contourner pour rentrer chez elle.

Dans la maison silencieuse, elle resta un long moment assise à la table de la cuisine, les yeux dans le vide. Puis elle alla dans sa chambre et resta les yeux dans le vide pendant encore plus longtemps.

En voyant son lit gigogne, elle pensa à Polly. Elle aurait tout donné pour qu'elle soit auprès d'elle, maintenant.

Elle pensa à son père, seul à Bethesda. Elle l'imagina dans le salon, au milieu d'emballages de nouilles vides. Il avait fait un voyage en Chine, quand il avait une vingtaine d'années, avant d'épouser sa mère. Et, chaque fois qu'ils allaient dans un restaurant asiatique, il s'efforçait de commander en prononçant le nom des plats en VO. Ce qu'elle trouvait impressionnant quand elle était petite, puis gênant en grandissant.

Elle aurait dû l'appeler.

CHAPITRE 18

En rentrant de son cinquième jour de baby-sitting d'affilée, Polly vit, le cœur battant, la pile de courrier posée sur la table de l'entrée. Elle examina fiévreusement chaque lettre, jetant sans un regard tout ce qui ne venait pas de l'AIJM.

« La voilà ! » Les doigts tremblants, elle eut du mal à décacheter l'enveloppe et à déplier la feuille. Un carton réponse tomba à terre, mais elle était trop excitée pour le ramasser.

Elle ne lut que les premières lignes :

Chère Polly,

Nous avons le plaisir de vous convier au 23e congrès de l'Association Internationale des Jeunes Mannequins.

Oui ! Elle avait été prise ! Elle avait eu raison d'y croire. Elle était invitée !

Elle scanna le reste de la page : dates, informations pratiques, liste d'hôtels, modalités de paiement, etc. Au verso se trouvait une liste des agences de mannequins qui seraient présentes. Il y en avait des centaines.

Il fallait qu'elle y aille.

Elle courut dans la cuisine pour appeler Dia à l'atelier. Comme ça ne répondait pas, elle essaya sur son portable et tomba également sur le répondeur. Elle détestait lui laisser des messages. Si elle lui expliquait les raisons de son appel, elle pouvait être sûre que sa mère ne la recontacterait pas. Mieux valait jouer sur l'angoisse et lui laisser envisager une urgence. Elle composa à nouveau le numéro de l'atelier et raccrocha en entendant le message enregistré.

Elle consulta la pendule de la cuisine. Comme elle regrettait l'époque où elle pouvait appeler Jo ou Ama à n'importe quelle heure. Elle aurait aimé avoir quelqu'un à qui parler.

Elle jeta un coup d'œil par la fenêtre. Elle aurait annoncé la nouvelle aux voisins ou aux éboueurs s'ils étaient passés par là à ce moment-là. Le facteur était déjà reparti, évidemment.

Elle envisagea d'appeler son oncle Hoppy à la maison de retraite, mais il ne comprenait rien quand on lui parlait au téléphone. Il entendait tellement mal qu'il s'aidait en lisant sur les lèvres. C'était ridicule.

Elle avait vraiment envie de voir sa mère.

Elle glissa un billet de dix dollars et son trousseau de clés dans la poche de son jean avant de sortir. L'atelier était à une bonne demi-heure de marche, mais elle connaissait le chemin et l'exercice lui permettrait de brûler quelques calories.

Dia serait obligée de dire oui. Il le fallait. Si Polly continuait à faire autant de baby-sitting, elle pourrait presque tout payer de sa poche. Elle avait gagné deux cent dix dollars en moins d'une semaine. Elle pourrait mettre une annonce proposant ses services pour promener des chiens. Et dire à Mme Rollins et à ses autres clients qu'elle était disponible pour faire davantage de gardes. Elle était prête à faire du porte-à-porte dans le quartier afin de trouver du boulot s'il le fallait.

Pendant presque tout le trajet, Polly fit des calculs. Elle calcula d'abord combien d'heures il lui fallait encore travailler (85) pour avoir assez pour aller au congrès (1 160 $, hôtel et billets de train inclus). Puis elle compta le nombre de calories qu'elle avait ingérées depuis le matin (340 pour l'instant) et le nombre de calories qu'elle pouvait s'autoriser par jour (1 100) dans le but d'atteindre le poids qu'elle s'était fixé (42) d'ici le début du congrès.

En passant la porte de l'immeuble où se trouvait l'atelier de sa mère, Polly s'arrêta soudain, hésitante. Le hall d'entrée lui parut beaucoup plus petit que dans ses souvenirs. Quand était-elle venue pour la dernière fois ? Elle était bien incapable de le dire. Le hall avec son lino tacheté et ses murs vert pomme était enfoui dans les profondeurs de sa mémoire et pas de la bonne taille.

Dans l'image la plus récente qui lui vint à l'esprit, elle portait un béret blanc qu'elle n'avait presque pas quitté de tout le CM1. Ça ne pouvait quand même pas faire aussi longtemps ?

Elle poursuivit son chemin, un peu intimidée. Elle savait le nombre de marches à monter. C'était enregistré dans ses mollets. Elle se rappelait le contact froid du bouton de porte de la cage d'escalier, même si elle n'avait plus aucun mal à l'atteindre, maintenant. Elle sentit le verrou au milieu, comme un nombril au milieu de sa paume.

Les pas qui la séparaient de l'atelier étaient moins nombreux qu'autrefois, mais plus lents. Elle avait l'habitude de courir dans le couloir, comme un torrent qui s'engouffre dans un canyon.

Elle posa la main sur la poignée de la porte, hésitante. Elle frappa.

Elle s'aperçut alors qu'elle avait toujours sa lettre, l'invitation au congrès de l'AIJM, à la main. Elle la fourra dans sa poche, puis se tint toute raide, imaginant l'atelier derrière la porte. Elle se représenta sa mère qui venait ouvrir – pas avec son look actuel, mais telle qu'elle était autrefois, à l'époque où Polly venait souvent, quand elle n'avait qu'un seul tatouage et pas de piercing dans le nez, que ses cheveux étaient plus longs et qu'elle les attachait avec un bandana rose pour travailler. Polly se rappelait son pantalon violet, très large, que Dia appelait un sarouel, ses sabots fourrés et les traînées poussiéreuses que laissait l'argile sur son col roulé noir.

Polly frappa à nouveau.

– Dia ?

Elle n'avait pas parlé depuis le matin, sa voix était rauque. Elle se racla la gorge.

– Hé, Dia ? Tu es là ?

Elle entendit quelque chose. Un bruissement, un grondement ?

Elle frappa une troisième fois puis, n'obtenant aucune réponse, tourna la poignée. Contre toute attente, la porte s'ouvrit. Elle la poussa avec précaution. Le soleil, qui pénétrait à flots par les grandes baies vitrées, l'éblouit un instant. Elle entra à petits pas.

– Dia ? Y a quelqu'un ?

Elle regarda autour d'elle, craignant s'être trompée d'adresse.

Ce grand espace vide et nu ne pouvait pas être l'atelier de sa mère. Polly chercha des yeux des objets familiers, en vain. Dans le fond à gauche, elle aperçut deux armatures en fil de fer, couvertes d'argile sèche, mais inachevées.

L'atelier de sa mère était plein de sculptures et de matériel, les murs disparaissaient sous les croquis. Où était passé tout ça ? Où étaient les énormes poubelles remplies de vieux téléphones portables, de batteries, de montres, de pièces d'ordinateur ? Dia vivait presque dans cet atelier. Où étaient ses affaires ?

Lentement, Polly pivota vers la droite. Elle parcourut le mur des yeux jusqu'à son petit bureau, celui où elle faisait des dessins pendant que sa mère travaillait. Il était toujours là, mais il n'y avait plus qu'un ordinateur portable dessus, maintenant. En poursuivant son inspection, elle vit dans le coin droit de la pièce le petit lit où elle faisait la sieste autrefois. Et, comme le petit ours de Boucle d'Or, elle s'aperçut avec effarement que quelqu'un était couché dedans.

– Dia ?

Sa voix étranglée ne fit même pas remuer sa mère.

Elle dormait, recroquevillée dans le fond, ses pieds nus dépassant du lit, tournée vers le mur.

Il y avait également une télé posée sur une vieille table de nuit. Et à part ces quelques meubles, Polly découvrit des rangées de bouteilles le long du mur, des bouteilles de vin pour la plupart, ouvertes et vides.

Soudain, elle paniqua. Elle aurait aimé que sa mère la rassure, lui explique ce qui se passait, mais en réalité, elle lui faisait peur. Pour l'instant, ce n'était pas sa mère qui était couchée dans cet endroit qu'elle ne reconnaissait pas. Cependant, si elle se retournait face à elle, que Polly voyait son visage, il n'y aurait plus de doute possible.

– Dia ? fit-elle d'une voix pleine de larmes.

Elle s'approcha sur la pointe des pieds.

« Allez, maman, retourne-toi. Ne te mets pas en colère après moi. »

Elle aperçut ce qui jadis tenait lieu de placard à fournitures. Elle revoyait encore sa mère ôter les portes avec son tournevis avant d'aller les déposer sur le trottoir, avec son aide. Elle avait fait de l'espace du bas une sorte de petite alcôve où elle exposait ses plus belles sculptures. Polly avait été épatée que ce soit aussi simple de transformer un placard en galerie. Sa mère l'avait fait d'un simple coup de tournevis.

Maintenant, des piles de livres couvraient le rectangle de parquet. Au-dessus, côte à côte, trois dessins étaient punaisés au mur du fond, les seules œuvres exposées. Trois portraits de Polly endormie, quand elle était petite, il y avait bien longtemps.

Cet après-midi-là, Jo resta une éternité devant son ordinateur à rédiger un mail. C'était une chance, finalement, qu'il n'y ait personne à la maison. Comme ça, elle pouvait pleurer tout son saoul sans que personne ne l'entende. Comme ça, elle pouvait écrire et récrire son mail en paix. Elle avait essayé la version gentille, la version technique, la version littéraire pour finalement opter pour la version sincère.

À : Pollyjolie
De : Jobodobo
Sujet : Honte et remords

Chère Polly,
Je suis désolée pour ce qui s'est passé lorsque tu es venue me voir. Je sais que tu as dû entendre ce que je disais à Bryn et je m'en veux énormément, j'y pense sans arrêt.

Je dois t'avouer que je n'avais pas envie que tu viennes me voir. Je sais que ce n'est pas sympa et j'ai honte, mais j'étais complètement dans mon truc : mon boulot au restaurant, cette bande de filles plus âgées dont je voulais faire partie et ce type avec qui je sortais. Je pensais que c'était plus important que tout et que tu allais me déranger. Même si c'est nul, c'est ce que je me suis dit lorsque je t'ai vue arriver.

C'est affreux de se tromper à ce point. C'est vraiment terrifiant. Mais je me suis trompée. Ces gens n'étaient pas importants du tout. Alors que toi, oui. Je viens seulement de le comprendre. Quoi qu'il arrive, je sais ce qu'est un véritable ami grâce à Ama et à toi.
Je ne te demande pas de me pardonner. Je pense même que tu ne devrais pas. Mais je veux que tu saches la vérité : ce que j'ai dit à Bryn était faux. Tu es mon amie. Même si on ne se reparle plus jamais, tu as été pour moi une bien meilleure amie que je ne le méritais.

Je t'embrasse,
Jo

À cause de son nom,
le « saule pleureur »
est depuis longtemps
associé à la mélancolie.

CHAPITRE 19

– Je pense qu'on ne le reverra pas, affirma Richard, le directeur, au sujet de Zach.

– Comment ça ? s'étonna Jo.

– Il a manqué trois services de suite, ça veut dire qu'il laisse tomber. De toute façon, s'il revenait, je devrais le renvoyer.

Richard pianota sur son téléphone.

– Ça arrive souvent au mois d'août. Les serveurs des restos de plage ne sont pas les gens les plus fiables du monde.

Jo acquiesça.

– Ça, c'est sûr.

Ce devait être Jordan qui avait fait le planning car elle se retrouva à nouveau dans la zone d'Effie. Ce type avait vraiment un drôle de sens de l'humour.

Elle supporta sans broncher les regards et les murmures. Elle commençait à avoir l'habitude qu'on détourne la tête sur son passage et qu'on chuchote dans son dos. Même Bryn l'avait jetée en pâture aux serveuses, ravie d'avoir enfin quelque chose à leur offrir.

Aux alentours de neuf heures, Jo commençait à avoir

sérieusement mal aux pieds et, soudain, elle eut peur de se mettre à pleurer.

Elle sortit devant le restaurant où personne n'allait jamais prendre sa pause. Elle marcha sur le sable jusqu'au bord de l'eau, ôta ses chaussures et se trempa les pieds. L'immensité de l'océan lui donnait l'impression d'être insignifiante, mais aujourd'hui, c'était plutôt une consolation. Zach était insignifiant, Effie était insignifiante, et ce minable été aussi.

En revenant, elle vit une jeune femme assise sur le banc, à l'entrée du restaurant.

– Bonjour, fit Jo sans raison particulière, mis à part qu'elle était splendide et semblait sympathique.

– Bonjour, lui répondit-elle.

– Vous attendez quelqu'un ? demanda Jo.

Elle avait envie de parler et les inconnus se montraient plus agréables avec elle que ses prétendus amis.

– Oui, l'une des serveuses. Vous connaissez Effie Kaligaris ?

C'était un signe. Il fallait qu'elle retourne au boulot. Elle tomba nez à nez avec Bryn dans les vestiaires.

– Il y a quelqu'un qui attend Effie dehors, l'informa-t-elle. Je n'ai jamais vu une fille aussi belle.

Bryn savait quelque chose que Jo ignorait visiblement. Elle ne put résister à la tentation.

– C'est sa sœur, Lena. Elle vient de rentrer d'Europe.

– Elle s'appelle Lena ? Tu es sûre ? Et tu es sûre que c'est la sœur d'Effie ?

– Ouais.

– Tu plaisantes ?

Bryn leva les yeux au ciel.

– Et pourquoi je plaisanterais ?

– Je crois que c'est l'une des quatre filles. Tu sais, celles du jean magique, fit Jo, surexcitée.

Elle en avait le souffle coupé. Comme si elle venait de croiser une star. Elle avait envie d'appeler Ama et Polly pour leur raconter. Dommage que ce soit impossible.

Bryn secoua la tête.

– Hé, du calme ! C'est pas Angelina Jolie, quand même, fit-elle d'un ton moqueur.

Jo se hissa sur la pointe des pieds pour tenter d'apercevoir à nouveau Lena, mais elle n'était plus là.

– Pas étonnant qu'Effie l'ait aussi mauvaise, murmura-t-elle.

– Qu'est-ce que tu insinues ?

– Tu imagines, si tu avais une sœur comme ça ?

Durant la dernière heure du service, Effie se montra plus agréable, ou disons, moins désagréable. Sans doute était-elle intimidée par la présence de sa sœur, supposa Jo. Ou alors elle avait réalisé à quel point elle avait été odieuse. Peut-être que le pire était passé.

C'était ce que Jo se disait jusqu'à ce qu'elle se dirige vers la table 4 avec un plateau chargé de boissons dans une main et un torchon dans l'autre. Elle avait de plus en plus mal aux pieds et son bras tremblait sous le poids du plateau.

Elle s'approcha de la table en se maudissant intérieurement : pourquoi avait-elle pris ce torchon ? Elle n'avait nulle part où le poser et elle avait besoin de ses deux mains. Elle plia les genoux pour abaisser le plateau, se penchant au-dessus de la table entre une femme enceinte et un homme, qui était vraisemblablement son mari.

C'est alors qu'Effie passa en coup de vent dans l'allée. Elle ne se matérialisa qu'un instant, pile au moment où l'équilibre de Jo était le plus précaire, pour lui donner un coup dans la hanche. Impuissante, Jo se sentit basculer. Le temps s'écoula soudain au ralenti, lui laissant le loisir de savourer la catastrophe dans ses moindres détails.

Ça n'aurait pas été si terrible si son plateau avait été chargé d'eau gazeuse ou de limonade, mais elle transportait trois verres de vin rouge pleins à ras bord et un jus de tomate.

Ça n'aurait pas été si terrible s'ils s'étaient simplement renversés par terre au lieu de venir s'écraser sur la table dans une véritable cascade de liquide couleur rubis charriant de multiples éclats de verre.

Ça n'aurait pas été si terrible si elle avait tenté de se raccrocher à un homme en bonne santé au lieu de s'appuyer sur un malheureux au bras en écharpe qui venait de se démettre l'épaule.

Lorsque toutes les gouttelettes et tous les morceaux de verre eurent atteint leur destination finale, Jo et ses quatre clients ainsi que le restaurant entier restèrent figés, incrédules, s'assurant qu'aucun éclat n'avait touché leurs yeux ou leur bouche.

Jo retrouva enfin la parole et, peu de temps après, la faculté de se mouvoir. Elle s'excusa, tentant d'épousseter table et épaules. L'homme avec le bras en écharpe laissa échapper un gémissement. Les trois autres se levèrent aussitôt, projetant au sol les bris de verre qui avaient atterri sur leurs genoux.

Alors que le reste du personnel regardait la scène sans réagir, pétrifié, Carlos fit irruption dans la salle avec un rouleau d'essuie-tout dans une main, la pelle et la balayette dans l'autre.

– Merci, Carlos, lui glissa Jo, au bord des larmes.

Il lui tapota le bras. Nouvelle chute de verre. Elle se demanda si elle avait le droit d'éclater en sanglots.

Richard, le directeur, les rejoignit à grands pas, suivi de près par Jordan, qui secouait la tête.

Ils se confondirent en excuses. Surtout Jo. Puis ils promirent un dîner offert par la maison, mais les quatre clients étaient visiblement pressés de quitter les lieux. Ils en oublièrent presque d'insulter la maladroite.

Richard les raccompagna à la porte en leur assurant qu'il allait se « charger d'elle ». Qu'est-ce que ça signifiait ? Qu'il allait l'exécuter ? Lui tirer une balle dans le dos ?

Elle les regarda s'éloigner, tous les quatre, plus ou moins maculés de liquide rouge, escortés par un Richard intarissable.

Bon sang, quel carnage. On se serait cru dans un film d'horreur. Ça n'aurait pas été si terrible si la femme enceinte n'avait pas été en robe blanche…

– Polly ?

Dia se redressa, désorientée.

– Polly ! Qu'est-ce que tu fais là ? Tout va bien ?

Polly était hébétée, complètement paralysée. Elle ne savait pas si elle devait approcher ou au contraire reculer.

– Oui, ça va.

– Comment es-tu arrivée là ?

– À pied.

Le visage de Dia se détendit. Elle regarda autour d'elle, avant de se retourner vers Polly.

– Qu'est-ce que tu fais là ? répéta-t-elle sur un autre ton, cette fois.

– Je… je…

Polly effleura la lettre qu'elle avait fourrée au fond de sa poche.

– Rien.

– Tu es venue à pied jusqu'ici pour rien ?

– Je… je voulais…

Polly ne savait plus pourquoi elle était là. Elle n'arrivait même pas à se rappeler le nom du congrès.

– Je m'en vais.

– Polly…

Sa mère prit ses genoux dans ses bras comme si elle avait froid alors qu'il faisait une chaleur étouffante.

Elle lui avait fait faux bond pour un nombre incalculable de déjeuners et de dîners. Elle ne l'avait pas accompagnée à l'école, n'était pas venue l'attendre à la sortie des cours. Elle avait raté les matchs de foot que Polly passait en général sur le banc de touche à enrouler des brins d'herbe autour de son doigt. Elle avait manqué les spectacles et les fêtes de fin d'année. Elle avait omis de l'emmener chez le dentiste ou au cours de piano parce qu'il *fallait* qu'elle aille à l'atelier. Avec tout ce qu'elle avait manqué, Polly pensait le trouver rempli de sculptures, des centaines d'œuvres qu'elle avait faites pendant tout ce temps. Mais il était vide. Comment était-ce possible ? Que faisait-elle de ses journées lorsqu'elle venait ici ?

Polly n'avait pas envie de regarder sa mère, pas envie d'entendre ses explications.

– À ce soir, murmura-t-elle.

– Polly, attends. Qu'est-ce que tu as dans ta poche ? la questionna Dia en se levant.

– Rien.

– Fais voir.

Elle sortit docilement la lettre de sa poche et la tendit à sa mère. Dia la lissa du plat de la main avant de la lire.

– C'est pour ton truc de mannequins à New York. Tu as été prise.

– Oui.

– Tu dois être contente.

Polly n'aurait su dire ce qu'elle éprouvait en cet instant, mais « contente » n'était sûrement pas le mot juste.

– Tu veux y aller, je parie.

Elle haussa les épaules. Elle était fatiguée. Elle avait envie de dormir.

– Si je ne peux pas, ce n'est pas grave.

Dia parcourait la pièce du regard tout en réfléchissant.

– Je pourrais peut-être t'y emmener. Ça me ferait sans doute du bien de monter à New York quelques jours.

Polly ne bougea pas. Ne dit rien.

– Oui, je pense que ce serait une bonne idée. On va rentrer à la maison, regarder les horaires de train, les prix et voir ce qu'on peut faire.

Polly suivit sa mère hors de l'atelier et la regarda fermer la porte à clé. Sa tête résonnait des questions qu'elle n'osait pas lui poser et des réponses que sa mère ne lui donnait pas. Elle se demandait quel genre de marché tacite elles venaient de conclure, toutes les deux.

Jo nettoya le vin, le jus de tomate et les éclats de verre avant d'être convoquée dans le bureau. Elle traversa la salle qui lui sembla immense, sentant tous les yeux rivés sur elle.

– Coucou, fit-elle timidement en entrant dans le bureau de Richard.

Visiblement, ce n'était pas la chose à dire.

– Jo.

– Oui.

– J'ai bien peur que nous ne soyons devant un motif de renvoi immédiat. Avec frais, en plus.

Elle hocha la tête.

– Je sais que tu n'as pas fait exprès mais, bon sang, quel désastre !

Nouveau hochement de tête. Elle n'avait pas fait exprès, mais Effie oui. Elle aurait pu tenter de se justifier, mais elle n'en avait pas envie. Elle ne voulait pas envenimer davantage les choses.

– Tu étais pourtant un très bon élément jusque-là.

– Merci, marmonna-t-elle.

Jordan rôdait devant la porte.

– Je peux démissionner si ça vous arrange, proposa-t-elle.

Richard soupira.

– Comme tu voudras.

– D'accord, alors. Merci. Et désolée pour tout.

– Au revoir, Jo.

Jordan s'écarta pour la laisser passer. Lorsqu'elle déposa son tablier dans la cuisine, Hidalgo l'embrassa et Carlos lui tapota le bras. Elle fila pour qu'on ne la voie pas pleurer.

C'est seulement dehors, en sentant l'air frais sur sa peau, qu'elle réalisa qu'elle était également couverte de liquide rouge poisseux.

Elle ne pouvait pas rentrer chez elle. Elle traîna un moment sur la plage, se demandant quoi faire. Elle s'était fait une telle joie de ces trois jours où sa mère ne serait pas là. Elle s'était imaginé des fêtes, des garçons, pas d'horaires, la liberté ! Maintenant, la liberté se réduisait au vide et ce vide était intolérable.

Elle eut une idée. Au lieu de rentrer, elle fit demi-tour et se dirigea vers la ville. Elle avait de l'argent en poche et personne ne l'attendait nulle part, personne qui aurait pu avoir envie de la voir. Elle ne travaillait pas le lendemain.

Elle leva les yeux vers le ciel, imaginant Ama qui faisait de même quelque part au milieu des montagnes et Polly également, en regardant par la fenêtre, assise sur son lit.

Elle pensa à Zach et cette simple pensée lui retourna l'estomac. Elle avait fondé tellement d'espoir en lui et tout s'était écroulé.

Liberté, cadeau empoisonné. Toute cette liberté ne lui servait à rien. Elle aurait voulu prévenir son père : « Ce n'est pas aussi génial que tu crois. »

À nouveau, le car était presque vide. Cette fois, sa voisine la plus proche était une vieille dame en caleçon moulant avec les sourcils dessinés au crayon. Certes pas aussi canon que Zach, elle lui attirerait sûrement moins d'ennuis.

– Vous avez besoin d'un médecin ? lui demanda-t-elle, en se penchant pour la regarder, l'air inquiet.

Jo passa la main dans ses cheveux collés puis effleura la tache encore humide sur son T-shirt.

– Oh, non, ce n'est pas du sang, expliqua-t-elle. C'est du vin.

Vu sa tête, la dame estimait sans doute que ce n'était guère plus rassurant.

L'odeur sucrée du vin mélangée à celle du jus de tomate écœurait vaguement Jo.

Elle s'endormit et rêva que la sœur d'Effie, cette superbe fille, était couverte de vin. Elle rêva de Finn qui descendait Pony Hill avec elle en luge, sauf qu'elle avait grandi et pas lui. Elle rêva qu'elle était perdue dans sa propre maison.

Par chance, il lui restait assez d'argent pour prendre un taxi jusqu'à chez elle en descendant du car. Elle ne voulait pas qu'un passant affolé appelle la police ou une ambulance en la voyant errer ainsi dans les rues.

Elle sonna à sa propre porte, comme une étrangère. Son père travaillait-il tard ce soir-là ? Passait-il la nuit chez une femme ? Allait-elle le surprendre en plein rendez-vous galant ? Pour quelle raison était-il soudain si pressé de divorcer ?

Il vint lui ouvrir. Avec son short, son maillot de corps, ses lunettes pendant autour du cou et ses cheveux tout ébouriffés, il n'était visiblement pas en galante compagnie.

– Jo…, murmura-t-il.

La panique se peignit sur son visage lorsqu'il découvrit son T-shirt maculé de rouge.

– Qu'est-ce qui t'est arrivé ?

Il la prit dans ses bras comme si elle avait quatre ans et non quatorze.

– Rien, ça va, protesta-t-elle, en tentant de se dégager de son étreinte. Ce n'est que du vin.

Il la lâcha pour la dévisager.

– Pourquoi es-tu couverte de vin ?

– Parce que je l'ai renversé.

– Tu étais en train de boire ? Tu t'es retrouvée enfermée dehors, c'est ça ? Où est ta mère ?

Bien que manquant un peu de pratique, il avait les mêmes inquiétudes que tous les parents.

– Non, j'ai renversé un plateau à mon travail. Au restaurant. Et je me suis fait virer. Alors, je suis rentrée à la maison.

Il acquiesça. Il avait la bonté de faire comme si tout ça était parfaitement normal.

– Entre. Tu veux prendre une douche ? Tu as dîné ?

C'était drôle de le voir se changer subitement en maman poule.

– Oui. Et non, je n'ai pas mangé.

– Je vais te préparer un petit truc. Va te laver et te changer, ensuite tu me raconteras ce qui s'est passé.

Noah resta à ses côtés tout le long du trajet fatal menant à la redoutée falaise de non-retour. Ama marchait tête baissée tandis qu'il essayait de faire la conversation.

– Ça va comment, tes pieds ?
– Mieux.
– Tes ampoules ?
– Cicatrisées.
– Waouh. Génial.
Ils continuèrent un instant en silence.
– Tu veux du gorp ? J'en ai encore un sachet.
Ça valait de l'or. Personne n'en avait plus. Rien que de penser aux M & M's, l'eau lui montait à la bouche. Mais elle résista.
– Non, merci.
Ils traversèrent un ruisseau. Ama était surprise de sauter aussi facilement de pierre en pierre sans glisser ou perdre l'équilibre malgré les vingt kilos qu'elle charriait sur son dos. Ils gravirent une colline et redescendirent de l'autre côté.
– Tu as entendu parler du module ONU[1] ?
Ama hocha la tête. Sa sœur avait participé à ce stage et elle avait l'intention de le faire aussi, mais elle n'avait pas envie de le lui dire.
– Oui, pourquoi ?
– Tu devrais le faire l'an prochain.
– Tu crois ?
– Ouais, c'est cool. On pourrait se revoir.
Elle baissa les yeux sans rien dire.
– Sauf que c'est au printemps…

1. *Model UN* est un stage de simulation où les élèves jouent le rôle de diplomates siégeant à l'Organisation des Nations Unies, ce qui leur permet de prendre conscience des enjeux géopolitiques, sociaux et internationaux, de s'exercer à la négociation et à la communication.

Il eut un petit rire désabusé.

– … alors, je crois que je ferais aussi bien de te demander ton numéro.

Ama n'y tint plus. Elle se figea sur place. Il s'arrêta également.

– Noah ?

– Ouais ?

– Je peux te poser une question ?

– Vas-y.

– Si tu veux mon numéro, alors pourquoi es-tu sorti avec Carly ?

Il la dévisagea, les yeux écarquillés. Puis l'indignation succéda à l'étonnement. C'était comme si elle l'avait traité de tueur en série.

– Qu'est-ce que tu racontes ? Je ne suis jamais sorti avec Carly.

C'était un bon acteur, vraiment.

– Si, je t'ai vu. Au moins deux fois. Sous ma propre tente. Je ne vois pas comment j'aurais pu me tromper.

Noah commençait à s'énerver.

– Non, si je te le dis, Ama. Je ne suis jamais sorti avec cette fille, ni dans ta tente ni ailleurs. Désolé, mais tu dérailles complètement.

Il parvint à ébranler ses certitudes. Avait-elle vraiment vu son visage ? Était-elle sûre qu'il s'agissait bien de lui ? Elle essaya de se représenter la scène, cette fameuse nuit où elle avait quitté la tente en claquant la porte (si l'on peut dire) pour aller dormir sur la fourmilière. Mais elle ne voyait pas son visage, juste un dos, des cheveux bruns qu'elle lui avait attribués, mais pas son visage. Pourtant elle était tellement sûre…

– Tu en es certain ? lui demanda-t-elle timidement.

– Je crois que je m'en souviendrais.

Elle se mordilla l'intérieur de la joue.

– Carly est sortie avec tous les autres, fit-elle remarquer.

– Eh bien, pas avec moi.

Il avait l'air vexé. Elle se sentait un peu coupable, mais aussi beaucoup plus légère, tout à coup.

– Tu as peut-être oublié, insinua-t-elle d'un ton malicieux.

– La ferme.

Il fit semblant de la taper. Elle lui rendit son coup, sans vraiment faire semblant.

– Ouille !

Il voulut la frapper à nouveau mais elle l'esquiva en riant.

Ils poursuivirent leur chemin côte à côte. Gravissant et dévalant les collines. Elle sentait le tapis d'aiguilles de pin amortir ses pas. Elle leva gaiement les yeux vers le ciel puis lui donna une tape amicale.

– Alors, tu le sors, ce sachet de gorp ?

CHAPITRE 20

Jo entendit son père farfouiller dans la cuisine. Il ouvrait et fermait les tiroirs, faisait tomber mille et un trucs.

En traversant le salon, elle songea que la maison dégageait une atmosphère différente. Elle était un peu moins nette, un peu plus en désordre peut-être, et moins claire. Les coussins n'étaient pas aussi rebondis que d'habitude et, dans les bacs à fleurs, les violettes semblaient assoiffées.

Mais les fenêtres étaient ouvertes. Et ça changeait tout, réalisa-t-elle. On n'étouffait pas à l'intérieur, c'était une nuit douce et fraîche. Cependant, la chaleur de l'été, l'odeur moite du mois d'août s'était infiltrée dans les pièces alors que, d'ordinaire, elle n'avait pas le droit d'entrer.

Ça faisait une énorme différence. Sa mère était une maniaque de la clim'. Par principe, l'air de dehors et l'air de dedans ne se mélangeaient jamais.

La maison n'était pas dans l'état d'abandon qu'elle avait imaginé. Bien au contraire. Elle était plus vivante que d'habitude. La table de la salle à manger disparaissait sous les journaux et les revues médicales de son père. Ses chaussons traînaient dans le salon. Il avait laissé un livre ouvert sur le canapé. Et abandonné tasses de café et verres dans tous les coins, sans prendre de dessous de verre. Jo n'osait pas imaginer la réaction de sa mère.

– Qu'est-ce que tu fais ? demanda-t-elle.

– Des tacos, répondit-il gaiement.

– Waouh.

– Je sais. Je me suis essayé à la cuisine cet été.

Il arrêta de fourrager dans le placard pour se relever et la regarder. Il avait l'air si fier de lui que la gorge de Jo se serra.

Lorsqu'il versa de l'huile d'olive dans la poêle chaude, elle se mit à fumer avec un grésillement assourdissant. Son père recula d'un bond.

– Tu as vu ça !

Elle se mordit la lèvre.

– Tu as besoin d'aide ?

Il baissa le feu sous la poêle.

– Tiens, râpe-moi du fromage, suggéra-t-il.

– OK.

Elle râpa docilement tandis qu'il continuait à farfouiller, ouvrir et fermer les tiroirs, faire tomber des tas de trucs et en jeter d'autres dans sa poêle.

– Tu crois sans doute que je n'ai jamais mis les pieds dans cette cuisine. Tu ne te souviens pas que je vous faisais à manger, à toi et à ton frère, quand ta mère travaillait le mardi et le jeudi soir ?

– C'est vrai ?

C'était tellement inattendu et libérateur que son père

évoque Finn de cette façon, en mélangeant poivrons et salade verte. Ç'aurait été impensable en présence de sa mère – elle se figeait et quittait aussitôt la pièce si bien qu'ils évitaient le sujet, pourtant, Jo en mourait d'envie. Elle aurait aimé pouvoir parler de son frère, non pour raviver la tristesse et la peine, simplement pour se remémorer qu'il avait partagé leur vie durant de nombreuses années.

– Eh oui ! Pas des plats aussi compliqués que les tacos, mais je vous faisais du poulet et du riz. Un jour, je ne me suis même lancé dans un hachis.

– Non !

– Tu ne t'en souviens pas ?

Elle aurait aimé s'en souvenir.

– Si, si. Un peu.

– Tu adorais les petits pois. Je t'en faisais souvent.

– Finn aimait ça aussi.

Son père acquiesça.

– Oui, tu as raison.

– Et moi, j'aime toujours.

– C'est vrai ?

– Oui.

Il se rua sur le congélateur pour en tirer un sac de petits pois surgelés qu'il brandit triomphalement.

Elle se mit à rire. Ça faisait longtemps qu'elle n'avait pas ri comme ça.

– J'ai fini de râper le fromage. Tu veux que je fasse autre chose ? demanda-t-elle.

Elle s'inquiétait un peu pour les tacos. Le mélange étrange qui frémissait dans la poêle et le chaos qui régnait sur le plan de travail n'étaient pas du meilleur augure. Elle voulait tant qu'il réussisse son plat. Elle voulait que ce soit bon.

Il lui tendit une planche à découper, un couteau et un avocat. Elle était flattée qu'il ose lui confier une lame aussi aiguisée.

– C'est sympa de faire la cuisine à deux, remarqua-t-il alors qu'ils travaillaient en silence.

Elle hocha la tête. Visiblement, il s'était senti aussi seul, ces derniers temps. Il avait autant profité de sa liberté qu'elle cet été.

D'habitude, Jo préférait séparer sa viande de ses légumes, mais vu comme les tacos de son père se présentaient, ça n'allait pas être possible ce soir. La sauce se mélangeait avec la crème, noyant la tortilla qui gisait dans une mare de haricots rouges, bordée d'un tas de guacamole, le tout dégoulinant de fromage fondu.

Ils trinquèrent, bière contre verre de lait. Elle s'était retenue de rire en le voyant verser un grand verre de lait, comme quand elle avait six ans. Elle avait failli protester, mais finalement elle était ravie de le boire.

– Santé !

– Santé ! répondit-elle.

Elle ne savait pas quoi dire d'autre.

– Vas-y, attaque ! l'encouragea-t-il.

Elle prit une profonde inspiration avant de plonger sa fourchette dans cette multitude de saveurs et de textures. Elle prit une première bouchée hésitante, puis une deuxième, plus assurée. Pour la troisième, elle ajouta un peu plus de sauce pimentée. L'odeur forte l'enveloppa, le goût puissant couvrit tous les autres. Elle avait tellement faim.

Elle mangea, mangea voracement. Reprit de la sauce, puis du fromage, sans lever un instant les yeux de son assiette ni dire un mot. Au bout d'un moment, elle s'obligea à faire une pause et regarda son père en décrétant :

– C'est vraiment très bon.

Et elle était sincère.

Elle commençait à être rassasiée, mais elle continuait de manger.

– Il en reste ? demanda-t-elle.

Son père avait l'air ravi.

– Oui, plein. Il y en a plein dans la cuisine.

Il la resservit et la regarda manger. Pour une fois, il n'avait pas ses lunettes et elle voyait ses yeux.

– Jo ?

– Mmm ?

– Je suis content que tu sois rentrée à la maison.

Au début, lorsque Polly calculait combien elle avait perdu, elle exagérait un peu. Elle était tellement fière d'elle. Si la balance indiquait qu'elle avait un kilo huit cents de moins, elle arrondissait à deux.

Mais maintenant qu'elle avait dépassé ses objectifs, elle avait tendance à minimiser, à arrondir dans l'autre sens. Elle avait perdu cinq kilos huit cents, mais elle se disait que ça faisait cinq, qu'elle avait dû se tromper en se pesant la première fois.

Au lieu de se peser au réveil, juste après être passée aux toilettes, elle montait sur la balance un peu plus tard, après avoir mangé un petit truc et bu un grand verre d'eau. Elle ne voulait pas arrêter son régime, pas déjà.

« Je suis petite », se répétait-elle, flottant dans sa culotte rouge en coton. Elle avait tellement l'habitude que tous ses vêtements deviennent trop petits, c'était étrange de vivre le contraire, comme si elle remontait le temps. Ça la rassurait car elle avait moins de mal à se projeter dans le passé que dans le futur. Et si elle allait faire du shopping pour refaire sa garde-robe à sa taille ? Même ses soutiens-gorge avaient fini par être trop grands. Hier, elle avait dû repêcher au fond du tiroir la première brassière qu'elle avait achetée en sixième.

« Je pourrais peut-être vraiment devenir mannequin », pensa-t-elle en frissonnant légèrement malgré le soleil qui inondait la salle de bains. La peau de ses bras semblait marbrée. Ses poils paraissaient plus noirs et plus drus qu'avant. Son bracelet en argent préféré, que Dia lui avait acheté chez un antiquaire de Philadelphie, pendait tristement sur son poignet maigrichon.

Elle retourna dans sa chambre d'un pas vif, en faisant des moulinets avec les bras, pour brûler quelques calories. *Brûler.* C'était étrange comme expression, non ?

Il fallait qu'elle se dépêche car elle avait un baby-sitting chez les Rollins à dix heures et demie, puis à seize heures elle devait garder un petit Ryan qui commençait tout juste à marcher. Elle avait été recommandée par Mme Rollins et voulait faire bonne impression.

Dia lui avait dit qu'elle n'avait pas besoin de gagner davantage, qu'elle couvrirait les frais, mais Polly aimait travailler, être occupée toute la journée.

Elle avait acheté les billets de train pour New York sur Internet, un pour elle et un pour sa mère. Dia n'avait pas l'intention de mettre les pieds au congrès de mannequins. Elle pensait cependant qu'elles pourraient se balader un peu en ville toutes les deux, peut-être visiter le Metropolitan Museum. Elle avait pris rendez-vous avec les propriétaires de la galerie d'art à l'heure où devait avoir lieu le défilé, mais Polly s'en moquait.

Même si elles avaient encore quelques jours devant elles, Polly avait commencé à faire ses bagages. Elle avait laissé sa valise ouverte dans un coin de sa chambre afin de pouvoir, à toute heure du jour et de la nuit, enlever ceci ou ajouter cela. Elle y glissa son dossier sur la vie des top models, puis se ravisa. Elle n'était pas sûre que ça intéresse quiconque au congrès. Elle avait un peu honte en revoyant sa couverture illustrée aux crayons de couleurs et, en même temps, elle était fière.

Ama et Jo lui manquaient. Elle n'y pouvait rien. Ça faisait trop longtemps qu'elle ne les avait pas vues. Si longtemps qu'elle n'était plus sûre de savoir ce qu'était une amie. Ama et Jo la connaissaient mieux qu'elle-même et l'avaient toujours aidée à savoir qui elle était vraiment. Sans elles, elle avait l'impression de partir à la dérive, de se perdre.

Elle se forçait à imaginer son entrée au lycée sans elles, même si c'était difficile. Le mail de Jo lui avait redonné espoir, mais elle craignait d'être déçue. Mieux valait qu'elle s'entraîne à être seule.

Jo ne parvenait pas à trouver le sommeil. Elle descendit au rez-de-chaussée, admirant les rayons de lune qui filtraient par les panneaux de verre entourant la porte. En caleçon et T-shirt, elle traversa le salon et s'assit sur le canapé. C'était plus sympa avec le bazar de son père éparpillé un peu partout dans la pièce. Elle avait toujours détesté les dessous de verre. C'était plus sympa de sentir l'air doux et grisant de la nuit.

La nostalgie lui serra la gorge. L'odeur de l'été lui rappelait l'époque où Finn était encore là, où sa mère laissait les fenêtres ouvertes. Ses sensations étaient restées imprimées dans sa mémoire.

C'était étrange, à y réfléchir, l'obsession de sa mère pour la propreté et le rangement. Mona, la femme de ménage, avait ordre de tout nettoyer avant même qu'on s'en soit servi. Lorsqu'il s'agissait de la maison, sa mère ne ménageait pas sa peine, ne regardait pas à la dépense. De même pour sa peau, ses cheveux, son corps, sa « façade » comme elle disait, qu'elle entretenait avec un soin méticuleux. Jo avait toujours cru qu'elle voulait que tout soit parfait pour sa famille. Maintenant, elle avait des doutes. Qu'est-ce que cela cachait ?

C'était tellement bizarre de découvrir les affaires de son père. Elle n'avait pas l'habitude de voir les livres et les revues qu'il lisait, ses mots croisés inachevés, une grille de sudoku remplie au crayon de papier. Elle n'aurait jamais deviné qu'il aimait le sudoku.

C'était bizarre d'imaginer son père qui s'entraînait à préparer des petits plats, tout seul dans la cuisine lui qui, dans l'année, ne dînait pratiquement jamais à la maison.

Elle s'était figuré que, une fois libéré de sa mère, il resterait nuit et jour à son cabinet ou à l'hôpital, ne sortant que pour faire la fête avec de jolies internes ou infirmières. Mais rien ne venait confirmer cette hypothèse. Au contraire. Libéré de sa mère, son père rentrait à la maison.

Jo commençait à soupçonner, confusément, à quel point ils avaient été malheureux, tout ce qu'ils avaient enduré.

Après la mort de Finn, son père s'était jeté à corps perdu dans le travail. Jo le savait. Il s'était donné à fond, toujours plus à fond. Elle avait ressenti, malgré son jeune âge, qu'il cherchait à se changer les idées, à oublier. « Ça me donne l'impression de contrôler au moins une partie de ma vie », avait-il dit au cours de l'une des rares séances de thérapie familiale à laquelle sa femme avait accepté de participer.

Jo repensa à sa mère, toujours impeccable, à sa maison, toujours impeccable, et à ses crises quand on posait un verre quelque part. Peut-être essayait-elle à sa façon de reprendre le contrôle d'une partie de sa vie, elle aussi. Elle n'avait pas toujours été comme ça.

Le ventre de Jo gargouilla. Elle se rendit compte qu'elle avait à nouveau faim. Elle alla dans la cuisine se préparer une assiette de restes. En ouvrant le congélateur pour prendre des glaçons, elle découvrit trois sachets de petits pois, blancs de givre.

Son père n'arriverait peut-être jamais à lui parler franchement de ce qui s'était passé avec sa mère. Il resterait toujours un peu maladroit en sa présence, n'osant pas lui poser de questions. Il ne connaîtrait sans doute jamais son numéro de portable.

Mais il y avait des petits pois dans le congélateur, alors qu'il n'y en avait pas eu depuis longtemps. L'amour ne prenait pas forcément la forme qu'on attendait.

CHAPITRE 21

Le lendemain, aux aurores, du haut de son perchoir, Ama contemplait le vaste monde en se disant qu'elle n'avait pas vraiment envie de le quitter, pas déjà, pas maintenant.

– Après Jonathan, ce sera à toi, lui annonça Maureen.

– Je croyais que je passais en dernier, protesta-t-elle d'une voix tremblante.

– Tu es la dernière, rétorqua gentiment l'animatrice.

Même si elle ne s'était pas étendue sur le sujet, Ama savait que Maureen était heureuse et soulagée qu'elle ait décidé de rester.

Médusée, elle regarda Jonathan s'élancer de la corniche, sans même vérifier son baudrier. Sans même prévenir son assureur. Visiblement, il aurait sauté avec autant d'enthousiasme avec ou sans corde.

– Il est dingue, commenta-t-elle.

Jared acquiesça :

– Oui, inconscient et stupide.

Elle réfléchit un instant.

– Donc, si je suis pétrifiée de peur, c'est un signe d'intelligence.

– Tout à fait, confirma-t-il.

Il se pencha pour voir Jonathan achever sa descente.

– Ça y est, il est en bas.

Jared secoua la tête.

– Bon sang, il n'aurait pas été plus vite en tombant.

La mort dans l'âme, Ama se mit debout.

– Ben, c'est mon tour, alors.

Elle était tellement saucissonnée avec tout son attirail qu'elle pouvait à peine bouger.

– Oui, à toi de jouer.

– Non, je n'y crois pas. Je ne vais pas faire ça...

– Si ! s'écrièrent en chœur Jared et Maureen.

Ama s'avança en titubant. Elle n'osait même pas regarder en bas. Si elle n'arrivait pas à baisser les yeux, comment espérait-elle descendre, hein ?

Maureen était chargée d'assurer sa descente. Jared aida Ama à accrocher son baudrier. Elle vérifia cordage et mousquetons une bonne quinzaine de fois.

– Je pense que c'est bon, affirma-t-il en souriant.

– Tu crois ?

– Ouaip !

– Allez, vas-y, ma grande ! l'encouragea Maureen.

Ama s'approcha du bord de la falaise. Elle avait les mains moites.

Deux pas de plus... la vue qui s'offrait à elle lui arracha un « Oh, mon Dieu ! ». En contrebas, une rivière cobalt serpentait dans une vallée vert émeraude parsemée de fleurs. Au loin, d'immenses pins s'élançaient vers les cimes bleues des montagnes. Comme sur le poster.

Elle respira à fond, pour la première fois de tout le séjour. Elle embrassa du regard ce magnifique paysage, le ciel d'azur, sans nuages. Et réalisa qu'elle avait surtout vu des racines et des bestioles, cet été. Même avant, elle avait passé beaucoup de temps en classe, à la bibliothèque ou à son bureau. Mais rarement à admirer le ciel.

Elle se rappelait quand, petites, avec Jo et Polly, elles se couchaient dans l'herbe pour regarder les étoiles. Le monde lui semblait beaucoup plus vaste à l'époque, comme si davantage de choix s'offraient à elle, davantage de possibilités.

Jared la tira de ses pensées.

– Tu es prête ?

– Je crois, répondit-elle dans un souffle.

Comment procéder pour enjamber la corniche ? Cela avait semblé si naturel pour les autres qu'elle n'avait pas regardé comment ils s'y prenaient. Elle se mit à quatre pattes et recula, tel un cheval rentrant dans son box. Son casque lui tombait sur les yeux. Elle avait le don de rendre compliquées les choses les plus simples.

– Quand tu veux ! lança Maureen.

C'était la manière « officielle » pour lui dire d'y aller.

– Départ ! répondit Ama d'une voix étranglée.

Elle passa un genou par-dessus bord. Mais il n'y avait rien pour poser son pied. Que de l'air. Elle jeta un œil par-dessus son épaule. Oh, là, là. Les autres la regardaient, figurines minuscules en contrebas. Elle vit Noah lui faire signe, avec sa petite main de Playmobil. Impossible, cette falaise ne faisait pas cent mètres, plutôt le triple. Qui l'avait mesurée, hein, d'abord ? Si elle avait eu Polly en face d'elle, elle lui aurait montré que ça n'avait rien à voir avec Pony Hill !

Son pied pendait dans le vide. Elle passa l'autre genou par-dessus bord. Ses deux pieds pendaient dans le vide, désormais. Et ce n'était pas franchement confortable.

Jared se pencha pour rajuster son casque. Il prit ses deux mains dans les siennes et, remarquant qu'elles étaient moites, lui adressa un sourire chaleureux.

– Tu sais, Ama. Tu es beaucoup plus courageuse que Jonathan.

Elle plissa les yeux, éblouie par le soleil.

– C'est une blague ?

– Le courage, c'est de savoir affronter ses peurs, non ? Il n'avait pas peur. Toi, oui.

– Ça, c'est sûr !

Elle n'allait pas dire le contraire.

Il la tint par les mains pour l'aider à reculer tant bien que mal. Enfin, elle trouva une prise dans la roche pour poser ses pieds.

– OK. Maintenant, il faut que tu laisses aller ton poids en arrière, lui indiqua-t-il.

– Non... je ne... C'est obligé ?

– Oui, obligé.

Elle ferma les yeux et se pencha légèrement en arrière.

– Comme ça ?

– Oui.

– Ne me lâche pas ! hurla-t-elle.

Le vent soufflait plus fort le long de la paroi. Elle se balança au bout de sa corde.

– Aaaaaaaah !

– Ne t'en fais pas. Je ne te lâche pas. Je te tiens.

Ama jeta un nouveau coup d'œil par-dessus son épaule. Son cœur battait à tout rompre. Elle avait l'impression qu'il allait sortir de sa poitrine et tomber dans le vide !

– Allez, vas-y ! l'encouragea Jared.

– J'y vais.

Elle bougea d'un demi-millimètre.

– Tu es encordée, Ama, ne t'en fais pas.

Paniquée par une nouvelle bourrasque, elle se cramponna de toutes ses forces à Jared.

En levant les yeux, elle remarqua qu'il serrait les dents.

– Je vais devoir me faire amputer de tous les doigts, je crois, constata-t-il, sans toutefois cesser de sourire.

– Désolée, murmura-t-elle.

Elle se rappela sa poignée de main, le premier jour, à l'aéroport, et s'efforça de relâcher un peu son étreinte.

Elle jeta un nouveau coup d'œil en arrière, puis avisa la paroi rocheuse devant elle. Pour une raison étrange, elle pensa au jour où elle avait fait la connaissance de Jo et Polly en fuguant de l'école. Elle se revoyait, regardant alternativement la porte de l'établissement et ses deux amies, partagée entre l'envie de retourner à l'intérieur et le désir de les suivre. « Allez, tu peux le faire ! » l'avait encouragée Jo. Et elle l'avait fait. Quel défi, le début de la plus belle aventure de sa vie !

Elle observa les petits personnages qui l'attendaient en bas. « Tu peux le faire, se dit-elle avec un pincement de nostalgie pour la Jo, la Polly et l'Ama d'autrefois. Et sinon, tant pis, de toute façon tu seras morte. »

Avant de se lâcher dans le vide, elle prit une nouvelle inspiration, peut-être la dernière de sa vie. Elle s'attendait presque à tomber comme une pierre pour s'écraser par terre. Mais non.

– Ouvre les yeux, ordonna Jared.

Oups. Elle avait oublié. Elle ouvrit les yeux et vit qu'elle était toujours accrochée à la corde. Elle était un peu surprise de voir Jared. Elle aurait cru qu'il serait loin, loin au-dessus. Mais il était toujours là, face à elle, en train de se frictionner les doigts.

Elle descendit d'un cran. Timidement. Puis encore un autre.

– Laisse-toi aller en arrière. Fais confiance à la corde, lui répéta-t-il.

Elle fixait la corde avec une telle intensité que ça la faisait loucher. Lui faire confiance ? Hum... Elle imagina Maureen à l'autre bout. Elle était contente que ce soit elle.

Elle descendit encore un peu. Jared commençait à rétrécir.

Un coup de vent la fit tanguer. Elle agrippa la corde des deux mains et tenta de se redresser. Aussitôt, elle perdit contact avec la paroi et ses pieds se retrouvèrent dans le vide. Elle hurla, tenta désespérément de se raccrocher à la roche et faillit avoir une crise cardiaque.

– Bloque ! hurla-t-elle à son assureur.

Mais le vent se calma et, quand elle eut arrêté de gigoter, elle s'aperçut qu'elle était suspendue dans les airs, comme une araignée au bout de son fil.

« En fait, je ne peux pas me planter », constata-t-elle avec jubilation.

Elle reprit appui sur la paroi et se pencha à nouveau en arrière. Elle avait enfin compris qu'on ne pouvait pas trouver de prise si on refusait de se laisser aller, de transférer son poids à la corde. Comme souvent pour la rando et le camping, il fallait faire ce qui semblait le plus insensé, le moins logique et le plus effrayant.

Elle se laissa aller complètement, de sorte que son dos était presque parallèle au sol – ou du moins, elle en avait l'impression. C'était plus facile, comme ça, elle avait les pieds bien à plat contre la paroi.

Elle plia les genoux et fit un petit bond, s'écartant très bravement de la roche. Elle entendit qu'on l'acclamait, surtout Jared et Maureen. Elle sourit.

Elle prit le temps d'admirer les environs, la vallée calme et tranquille, les nuages de chaleur dans le ciel, les racines qui tentaient de s'insinuer dans la roche. Derrière elle, le monde se déroulait comme un immense patchwork, à l'infini. Elle aurait presque pu voir jusqu'à Bethesda, repérer Pony Hill. Elle imagina qu'elle apercevait même sa petite maison de Kumasi avec son manguier devant la porte. Finalement, Polly ne se doutait pas à quel point elle avait raison. Pour rien au monde, Ama n'aurait voulu manquer tout ça.

Elle accéléra le rythme. Elle marchait, et sautait même de temps à autre. Lorsqu'elle regarda à nouveau autour d'elle, elle constata que Jared semblait désormais plus petit que Dan, Noah, Carly et les autres, en bas. Incroyable.

Jared lui fit signe. Elle avait chopé le truc, c'était bon.

« Je suis dans les airs », songea-t-elle. Elle agita un peu les bras pour sentir qu'il n'y avait que de l'air, devant, derrière, sur les côtés… Elle avait vraiment chopé le truc.

À petits bonds de plus en plus assurés, de plus en plus audacieux, elle descendit jusqu'en bas. Tout le monde l'applaudit lorsqu'elle posa un pied tremblant, puis l'autre sur le sol.

Dan la détacha pour la serrer dans ses bras. Puis ce fut au tour de Noah. Longtemps et fort. Elle souriait malgré elle.

– Relais ! cria-t-elle à Maureen en tirant à deux reprises sur la corde pour marquer la fin de la descente.

Une fois à l'écart du groupe, Ama sauta de joie. Une joie sans précédent, pleine de sentiments contradictoires et de sensations contrastées qui, en cet instant, s'accordaient parfaitement : le plaisir de lâcher prise, celui de trouver une prise, le plaisir de se laisser aller, le plaisir de sentir ses pieds contre la roche, le plaisir de les sentir décoller, le plaisir d'être suspendue, celui de ne pas tomber, le plaisir du passé, celui du futur, le plaisir du ciel, des montagnes, des vallées, le plaisir d'avoir réussi et celui de ne pas avoir à recommencer.

Le lendemain, à onze heures, Jo fut réveillée par la sonnerie de son portable.

– Allô ?

– Jo ? C'est moi.

– Qui moi ? fit-elle d'une voix ensommeillée.

– Bryn ! cria celle-ci comme si c'était sa meilleure amie et qu'il n'en avait jamais été autrement.

Les souvenirs de la veille revenaient peu à peu à la mémoire de Jo, en commençant par les tacos, à rebours.

– Il faut que tu viennes tout de suite, décréta Bryn, surexcitée.

– Où ?

– Au *Surfside* !

– Pourquoi ?

– Parce que je crois que Richard veut te parler.

Oh, pitié ! Le restaurant lui semblait tellement loin, désormais.

– Je ne vais pas pouvoir venir, Bryn. Je ne suis pas sur la côte, je suis chez moi, à Bethesda.

– Tu ne peux pas prendre le car ?

– Non, Bryn. Et puis j'ai été virée, tu te souviens ? Pourquoi Richard voudrait me parler ?

– Parce qu'il a découvert ce qui s'était passé.

Jo reposa sa tête sur son oreiller. Elle envoya balader sa couette et croisa les jambes en l'air.

– Comment ça ?

– Megan a tout vu et, après ton départ, elle est allée lui raconter qu'Effie t'avait poussée et que c'était sa faute si tu avais tout renversé. Et Carlos a confirmé.

Jo se redressa brusquement. Ça devenait intéressant.

– C'est vrai ?

– Oui, alors Richard a viré Effie et ça a beaucoup plus chauffé qu'avec toi.

L'idée était assez réjouissante, Jo devait bien l'admettre.

– Non ? Waouh !

– Si ! Elle était furieuse après Megan. Elle a insulté tout le monde. Même les clients.

– Sans blague ?

– Sérieux. Tu aurais dû voir ça. Richard a menacé d'appeler la police si elle ne quittait pas les lieux immédiatement.

Jo secoua la tête. C'était presque trop.

– Incroyable, hein ?

– Incroyable, confirma Jo.

– Et aujourd'hui, avec les filles, on a discuté. On s'en veut, tout t'est retombé dessus, déclara Bryn d'un ton guilleret.

Jo réalisa alors qu'elle aurait soutenu n'importe quel camp, juste pour ne pas être sur la touche.

– Et puis tu sais quoi ?

Elle ne savait pas.

– Zach est là. C'est lui qui m'a dit de t'appeler.

Elle écarta un instant le téléphone et ferma les yeux. Elle changea son portable de côté.

– Ah, oui ?

– Ouais. Il a vraiment envie de te voir. Tu devrais revenir, Jo. Franchement. Je pense que Richard te reprendrait sans problème, même si c'est la fin des vacances. Il a dit, je cite, que tu étais une aide-serveuse de premier ordre.

Jo ne put s'empêcher de rire.

– C'est vrai ?

– Ouais. Tout le monde culpabilise pour ce qui t'est arrivé, c'est trop injuste. J'ai promis que je te passerais le message. Les filles proposent qu'on sorte en bande ce soir. On va bien rigoler.

Elle acquiesça. Une bonne odeur montait de la cuisine. Du bacon grillé, peut-être ?

– Alors, tu reviens ? insista Bryn.

Jo ne répondit pas tout de suite.

– Allez, Jo. Ce serait génial, non ? Et puis comme ça, à la rentrée, toi et moi, on sera les deux seules filles de seconde à connaître des terminales super cool.

Si au début de l'été, Jo était tout excitée à cette idée, c'était bien fini. Elle savait exactement à quoi s'en tenir sur Bryn et sa prétendue amitié, désormais.

Hum, ça sentait aussi les œufs brouillés. Et le pain grillé. Elle s'imagina son père en train de mettre la cuisine sens dessus dessous.

– Non, répondit-elle, je préfère rester ici, Bryn.

La sève du saule est fluide
et coule librement.
Certains en déduisent
que cet arbre permet de
débloquer des émotions,
de faire son deuil,
d'accepter la peine.

CHAPITRE 22

– Aujourd'hui, vous commencerez par vestiaire et stylisme, demain, coiffure et maquillage, puis le matin du troisième jour, démarche et relations presse, le dernier après-midi étant réservé à la répétition du défilé.

La personne qui s'adressait à elles était un ancien mannequin prénommé Karen, filiforme dans son pantalon en cuir noir. Elle avait des jambes interminables, Polly n'en revenait pas ! Certaines filles affirmaient l'avoir déjà vue dans des magazines, mais son visage ne lui disait rien.

Entre son stage et le congrès, Polly avait rencontré de nombreux anciens mannequins cet été. Maintenant, elle savait ce qu'elles faisaient une fois leur carrière terminée : elles allaient former la relève.

– Vous défilerez sous les projecteurs, en musique, sous les flashs de plusieurs photographes professionnels. Au premier rang, dans la salle, il y aura des recruteurs de toutes les agences de mannequins, petites et grandes. Et vous aurez également quatre entrées pour votre famille et vos amis. Alors, ça vous plaît ?

Un murmure d'excitation parcourut la foule rassemblée dans le salon du *Grand Regent Hotel*, quelques applaudissements retentirent. Polly se balançait sur sa chaise pliante.

Une fille leva la main pour demander :

– Et pour le concours, comment ça se passe ?

– À la fin du défilé, on vous remettra une liste des agents et des autres professionnels qui vous auront remarquée, expliqua Karen. Vous aurez dix minutes de rendez-vous avec chacun d'entre eux. La fille qui aura eu le plus d'entretiens gagnera un bon d'achat de mille dollars, deux pleines pages dans le magazine *Glamgirl*, qui compte plus d'un million de lectrices, et une audition pour *Top Model Academy*.

Des cris de joie et de nouveaux murmures accueillirent cette annonce. Polly était impressionnée. C'était donc aussi facile pour une simple ado de devenir un vrai top model qui aurait sa photo dans un journal et qui passerait peut-être même à la télé ?

Elle dut ensuite se rendre au studio B avec une vingtaine d'autres filles. Le studio B était en réalité un box dans une immense salle de réunion, séparé du studio A et du studio C par des cloisons en plastique. Il était équipé de longues tables et de portants, chargés de vêtements et d'accessoires. Chacune des candidates devait rencontrer une styliste professionnelle. « Ils adorent le mot "professionnel", on dirait », remarqua Polly.

Elle examina distraitement les tenues en attendant son tour.

– Tu mesures combien ? lui demanda une grande bringue à sa droite.

– Un mètre soixante-cinq, répondit-elle, mais je n'ai pas fini ma croissance.

La fille acquiesça. Elle la dépassait d'une bonne tête, de même que celle à sa droite.

– Tiens, comme tu es petite, ça devrait t'aller, dit-elle en lui tendant une minijupe bleue.

Polly hocha la tête en essayant de se grandir au maximum.

– C'est quoi, ton look ? reprit la fille.

– Comment ça ?

– Eh bien, ton genre, ton style, quoi.

Polly s'efforça de ne pas découvrir ses dents en répondant :

– Je ne sais pas trop.

Elle voulait simplement être mannequin. Elle n'avait aucune idée du style qu'elle devait adopter. Elle aurait peut-être dû aller faire du shopping avec les autres pendant le stage, finalement.

– Tu devrais retirer ton bracelet, lui conseilla la fille.

Polly regarda son poignet.

– Tu crois ?

Elle était perplexe. Ce bijou était la seule chose qui lui donnait un style. Un bracelet en argent des années 20, que sa mère lui avait offert, le seul objet de valeur qu'elle possédait.

– Au fait, je m'appelle Mandy.

– Moi, c'est Polly, fit-elle en tentant de cacher son bracelet sous sa manche.

Elle n'avait aucune envie que la styliste lui demande de l'ôter.

– Je crois que c'est à toi, fit Mandy en désignant une femme en noir, une liste à la main.

Jackie, la styliste, prit son nom et son numéro avant de lui demander :

– Tu fais quelle taille, miss ?

– Je… je ne sais pas, bafouilla Polly. J'ai beaucoup rétréci.

– Quoi ?

– Non, je veux dire…

Cette histoire de bracelet l'avait perturbée, il fallait qu'elle se reprenne.

– J'ai fait un régime, je ne sais pas quelle taille je fais, maintenant.

– Ah…

Jackie avait sûrement vu défiler un sacré paquet de sacs d'os obsédés par leur poids. Elle toisa Polly d'un œil expert.

– Tu es un petit modèle, hein ? Mais avec des formes.

– J'essaie d'y remédier, s'excusa Polly.

– Et pourquoi donc ? C'est joli, les formes.

– Pas quand on veut être mannequin.

– Tout le monde n'a pas la morphologie d'un mannequin.

– Les top models, oui.

Jackie sourit, pensant qu'elle faisait de l'humour, alors que pas du tout.

– Vous pensez que je pourrais devenir mannequin ? demanda Polly, très sérieusement.

Jackie laissa échapper un soupir.

– Je suis juste là pour te trouver un truc à te mettre sur le dos, miss.

Le dernier soir, au coin du feu, Ama brossa soigneusement les cheveux de Maureen avant de lui faire des tresses africaines. Elle les enduisit de son baume magique Silky Plus afin de lui prouver son efficacité.

– Alors, voyons…

Une fois la coiffure achevée, Ama lui demanda de se tourner pour admirer son travail.

– Ça fait joli ? demanda Maureen.

Ama essaya de se rappeler à quoi elle ressemblait la première fois qu'elle l'avait vue, mais elle n'y parvint pas. Elle restait bloquée sur cette nouvelle image, ravissante.

Carly observait la scène avec intérêt.

– Waouh, trop cool, Maureen. Tu vas adorer.

– J'ai hâte de voir ça, fit-elle, tout excitée en effleurant les tresses du bout des doigts. C'est les mêmes que toi ?

– Oui, confirma Ama.

– Génial.

Un peu plus tard dans la soirée, Ama fit un tour avec Noah. Tandis qu'ils s'éloignaient du campement, elle se demanda s'il allait lui prendre la main – ce qu'il fit au retour. Au début, elle était ravie mais, soudain, elle s'aperçut qu'elle avait les paumes moites, quelle horreur ! Au clair de lune, sous le ciel étoilé, elle ne pensait plus qu'à sa main visqueuse et humide. Mieux valait en rire.

Heureusement, de retour au campement, il la lâcha avant que les autres puissent les voir.

Alors qu'elle était en train de se brosser les dents, il

surgit d'un buisson et plaqua un baiser sur ses lèvres mentholées. Un petit bisou rapide, ni vu ni connu. Et il lui glissa un bout de papier dans la main.

Elle retourna vite dans sa tente pour le lire, mais il lui fallait sa lampe torche. Elle la dénicha au fond de son sac.

Au recto, il avait noté son numéro de téléphone et son adresse e-mail et, au verso, il avait dessiné un arbre avec leurs prénoms gravés dans l'écorce au milieu d'un petit cœur.

– À votre avis, je devrais mettre une perruque ?

– Mais non, Polly, tu as de très beaux cheveux.

Elle essaya néanmoins une perruque rouge.

– Elle est chouette, celle-là.

– Non, ce n'est pas... ce n'est pas ton genre. On ne te reconnaît pas.

Et alors, où était le problème ?

– Ça ne me dérange pas, affirma-t-elle.

Elle se sentait plus jolie quand elle ne se reconnaissait pas, mais elle n'osa pas le dire tout haut.

– Je n'aurais pas dû me faire de frange, en fait.

– Ah, oui... Il faut attendre que ça repousse. Pour le moment, on ne peut rien y faire.

Geneviève, la coiffeuse-maquilleuse, était très gentille, mais elle avait l'air un peu débordée. Le défilé commençait dans moins d'une heure et elle avait encore quatre filles à coiffer.

Polly essaya une perruque bleue, puis une rose tout ébouriffée.

– Ne te frotte pas les yeux, s'il te plaît. Je viens de te maquiller !

– Désolée.

Elle avait oublié. Elle n'avait pas l'habitude de porter du mascara.

– Vous pouvez passer à la suivante, si vous voulez, proposa-t-elle.

– J'ai encore sept minutes à te consacrer, répliqua Geneviève. Je peux accentuer ta bouche ou te refaire les yeux ou…

– C'est bon, affirma Polly en s'approchant de la table des accessoires.

Derrière elle, les filles étaient au bord de la crise de nerfs.

Polly essaya un long sautoir en fausses perles et des pendants d'oreilles, mais ça n'allait pas trop ensemble.

– Bien, écoutez-moi toutes !

Karen tapa dans ses mains.

– Plus que dix minutes. Il faut commencer à se mettre en place. Celles du premier groupe qui sont prêtes, suivez-moi.

Polly épingla une broche sur son haut, au niveau de la clavicule. Elle était dans le troisième groupe. Elle avait le temps. Elle fit la moue, pas vraiment sûre qu'elle avait bien mis le bijou.

Mince, son rouge à lèvres bavait encore. Elle s'approcha du miroir en titubant sur ses talons hauts pour essayer de rattraper le coup. On aurait dit une petite fille déguisée avec les affaires de sa mère. Enfin pas Dia, parce qu'elle n'avait rien de tout ça, mais la mère de Jo, par exemple.

Elle entendit renifler à ses pieds. Recroquevillée sous la table, elle reconnut Mandy, écarlate, avec de grosses larmes perlant au bout de ses faux cils.

Polly s'agenouilla tant bien que mal auprès d'elle.

– Ça va ? Qu'est-ce qui t'arrive ?

– J'ai filé mon collant, hoqueta-t-elle.

Elle tendit la jambe pour lui faire constater l'étendue du désastre.

– Le deuxième groupe, on y va ! cria Karen.

– Oh, c'est à moi ! gémit Mandy.

Elle planta ses ongles dans le bras de Polly.

– Qu'est-ce que je vais faire ?

– Tu ne peux pas en changer ?

– Non, j'ai regardé. Il n'en reste que des clairs et il me faut un collant foncé avec cette tenue.

Si elle continuait de pleurer, elle allait gâcher tout son maquillage. Polly sentit les larmes lui monter aux yeux, par compassion et aussi parce qu'elle commençait à lui faire mal au bras.

– Et si tu y allais jambes nues ?

– Non !

Mandy lâcha un gros sanglot.

– Je ne peux pas y aller. Je vais prévenir Karen.

Polly considéra son collant noir.

– Tiens, prends le mien, décida-t-elle soudainement.

– Quoi ?

Elle entreprit de le retirer.

– Il est plus foncé que le tien, ce sera encore mieux.

– Mais tu en as besoin.

– Oh, je me trouve bien sans, affirma Polly d'un ton qu'elle voulait assuré.

– Mais tu es plus petite que moi.
– C'est extensible, tu vas voir.
– Tu es sûre ?
– Oui, allez !
– Troisième groupe ! cria Karen. Rassemblez-vous.
Polly entendit la musique retentir. Le défilé commençait.
– Vite !
Mandy enfila le collant en ajustant chaque jambe avec précaution.
– Penche-toi.
Elle la laissa docilement nettoyer le maquillage dégoulinant avec un mouchoir. Polly avait beau ne pas être experte en la matière, elle ne se débrouillait pas si mal que ça.
– C'est bon, vas-y !
Sa nouvelle amie la serra dans ses bras et lui colla un bisou sur chaque joue. Polly sentit ses larmes glacées et son rouge à lèvres poisseux.
– Vous êtes en compétition, les filles ! leur rappela Karen. Dépêchez-vous.
Polly regarda Mandy trottiner jusqu'à la scène, en la soutenant moralement. Ça lui rappelait les matchs de foot du dimanche où elle suivait Jo du regard en arrachant des touffes d'herbe sur la ligne de touche. Elle avait supplié sa mère de l'inscrire, mais elle n'avait pas vraiment l'esprit de compétition.

Alors que le groupe s'entassait dans le bus le lendemain matin pour se rendre à l'aéroport, Jared distribua à chacun son rapport final.

Ama prit le sien avec une certaine excitation. « De toute façon, tu t'en fiches, se disait-elle. Tu sais ce que tu as accompli et ça compte plus que n'importe quelle note. »

En découvrant qu'elle avait un A, elle faillit éclater de rire, de surprise et de joie. C'était chouette, certes, mais ce A-là n'avait pas vraiment la même valeur que les autres – même si c'était couper les cheveux en quatre, elle en était consciente.

Elle alla asseoir à côté de Jared, dans le fond du bus.

– Je suis la pire randonneuse qu'on puisse imaginer, alors pourquoi m'avoir mis un A ?

Il sourit.

– Si on juge sur les résultats, peut-être, mais pas si on prend en compte les efforts que tu as fournis.

Ama lui rendit son sourire.

– Enfin, ne le répète pas mais, en général, on met A à tout le monde, ajouta-t-il à voix basse.

– C'est vrai ?

– Oui, il suffit d'aller au bout de la rando.

Alors qu'ils attendaient sur le parking de l'aéroport, Ama fut surprise de voir deux autres bus d'Aventure Nature. Et encore plus stupéfaite quand des élèves noirs en descendirent. Au moins trois dans un groupe et quatre dans l'autre.

Elle n'était donc pas la « Noire de service » comme elle l'avait cru. Elle regretta d'avoir refusé de sourire sur pratiquement toutes les photos.

Elle ne put s'empêcher de questionner Maureen.

– Pourquoi on ne m'a pas mise dans l'un de ces groupes ? fit-elle en désignant les deux bus.

– Comment ça ?

– Quand ils ont réparti les participants, ils auraient pu me mettre avec les autres Afro-Américains...

Maureen haussa les épaules.

– Bah... La couleur de peau n'est pas mentionnée dans le dossier. Avant de te rencontrer, j'ignorais que tu étais noire.

Polly essaya d'adopter une démarche élégante et charmeuse pour défiler, comme on le lui avait appris, mais elle titubait un peu, perchée sur ses talons. Sans son collant, sa petite jupe bleue évasée lui donnait l'air d'une patineuse. En plus, elle avait l'impression qu'elle remontait à chaque pas, découvrant ses cuisses. Elle n'osait pas baisser les yeux pour arranger ça sous l'objectif des photographes.

Les flashs crépitaient. Les projecteurs l'éblouissaient. La musique était assourdissante. Elle ne voyait pas le public, plongé dans l'ombre.

Tandis qu'elle s'apprêtait à faire demi-tour au bout de l'estrade, un spot éclaira un visage familier : Dia. Elle avait annulé son rendez-vous pour venir la voir, finalement.

Soudain, Polly eut l'impression de perdre toute contenance. Sa mère, qui n'avait jamais assisté à aucun spectacle, aucun match de toute sa scolarité, s'était déplacée aujourd'hui. Et elle l'applaudissait. Polly dut se retenir de lui faire signe. Elle trébucha en revenant vite vers les coulisses. Elle avait hâte que ce soit fini, aussi accélérat-elle le pas, sans se soucier d'avoir l'air élégante ou charmeuse. Elle avait envie d'en finir et de descendre voir sa mère.

Dès qu'elle eut franchi le rideau, à l'abri des regards, elle fendit la foule des filles survoltées et pénétra par une porte dérobée dans la grande salle. Elle voulait profiter de l'entracte pour aller dire à sa mère qu'elle l'avait aperçue.

Le morceau se termina et le DJ mit quelques secondes à enchaîner. Polly était coincée à quelques rangées de Dia. Elle tenta de se faufiler entre les chaises pliantes pour la rejoindre.

Comme il n'y avait pas de musique, Polly reconnut la voix de Geneviève, la maquilleuse. C'était un don, chez elle, il lui suffisait d'entendre quelqu'un une fois pour enregistrer son timbre de voix.

– Oh, là, là ! J'ai essayé de l'arranger du mieux que j'ai pu. Je crois que c'est peine perdue. Elle est adorable, comme gamine, mais Dieu sait pourquoi elle s'est mis en tête de devenir mannequin.

– Elle aurait besoin d'un appareil dentaire, c'est clair, affirma son interlocutrice.

Polly se figea. Elles parlaient d'elle, elle le savait. Elle battit en retraite. Sa mère était juste devant Geneviève, mais Polly préférait se faire oublier. Pourvu que sa mère n'ait pas remarqué la maquilleuse. Pourvu qu'elle ne se retourne pas. Pourquoi le défilé ne reprenait-il pas ? La musique et l'agitation auraient couvert cette conversation, Polly aurait filé dans les coulisses et retrouvé sa mère plus tard. Hélas, le sort en avait décidé autrement.

Elle essayait de regagner la petite porte, coincée derrière un groupe d'adultes qui discutaient, lorsqu'elle vit sa mère se retourner. D'après son expression, elle vit tout de suite que ça chauffait.

– Excusez-moi, mais qu'est-ce que vous insinuez ? demanda Dia à la maquilleuse.

Sa voix furieuse contrastait avec la frivolité ambiante.

Geneviève la dévisagea, stupéfaite.

– Pardon, c'est à moi que vous parlez ?

Polly connaissait bien sa mère. Et quand elle faisait cette tête-là, ce n'était pas bon signe. Rien de tout cela ne serait arrivé si elle était restée en coulisses. Elle fit un pas vers elles en affirmant haut et fort :

– C'est bon, Dia. Elle n'a rien dit.

Mais sa mère l'ignora.

– Oui, c'est à vous que je parle, confirma-t-elle.

Elle toisait la maquilleuse d'un œil noir. Polly eut soudain peur qu'elle ne la frappe. Elle fit un autre pas vers sa mère.

– Je voulais dire… Enfin, je…

Geneviève ignorait à qui elle avait affaire et elle était trop déstabilisée pour songer à poser la question.

– Qu'est-ce que vous avez dit ?

La maquilleuse, écarlate, jeta un bref regard à Polly.

– Que c'était une gentille fille, mais qu'elle n'avait peut-être pas l'étoffe d'un mannequin, se défendit-elle, mortifiée.

La musique reprit enfin, mais pas assez fort pour couvrir la conversation.

– C'est bon, Dia. Je t'assure, murmura Polly, tremblante.

Mais sa mère fixait toujours Geneviève d'un regard assassin, les traits déformés par la colère.

– Et qu'est-ce qui vous permet d'affirmer ça ?

Polly détourna la tête, paniquée.

– Eh bien… elle… elle n'est pas assez grande, balbutia la maquilleuse. Elle est…

– Elle est très jolie, la coupa Dia, d'une voix sèche et sifflante.

Polly enfouit son visage dans ses mains. Lorsqu'elle releva la tête, elle croisa le regard de sa mère. Elle ne semblait plus en colère. Simplement navrée.

CHAPITRE 23

Polly n'avait aucune envie de retourner dans le public. Elle attendit donc la remise des listes de rendez-vous en coulisses. Les filles gloussaient et cancanaient en petits groupes, partageant leurs impressions sur le défilé. Polly resta dans son coin, la tête entre les mains, luttant contre les larmes.

La plupart se pressaient autour du buffet, se gavant de canapés et de petits-fours pour compenser de nombreux jours de diète. Sauf Polly. Elle aurait aimé avoir faim, mais elle avait oublié la sensation.

Les trois assistantes de Karen pianotaient fiévreusement sur leurs ordinateurs dans le coin bureau, au fond de la pièce. Les imprimantes cliquetaient sans interruption.

Mandy s'approcha de Polly pour la serrer dans ses bras à nouveau, avec un peu plus de retenue cette fois.

– Félicitations, lui dit-elle.

Polly hocha la tête. Elle n'osait même pas ouvrir la bouche. Elle se demandait si sa mère l'attendait dans le public ou si elle était partie.

Soudain, Karen tapa dans ses mains pour obtenir le silence.

– Nous n'avons pas encore le classement final, car c'est assez serré, mais nous pouvons d'ores et déjà vous distribuer vos listes. Approchez quand vous entendrez votre nom.

Une à une, les candidates se dispersaient dans la foule, agitant leur précieux papier comme un trophée. À chaque fois, elles avaient au moins cinq noms d'agence. Les autres s'attroupaient pour voir, curieuses. Polly aperçut la liste d'une fille qui passait : elle avait au moins vingt contacts !

Et si elle n'avait pas un seul rendez-vous ? Même pas de liste du tout ? Mieux valait remonter dans sa chambre et faire ses bagages pour rentrer directement chez elle...

Elle n'arrivait pas à savoir si elle était triste ou déçue ; l'altercation entre Geneviève et sa mère occupait toutes ses pensées.

Les filles défilaient, leur liste à la main, longues, courtes... L'une d'elles avait des rendez-vous sur deux pages. Elle allait sûrement remporter les bons d'achat, l'article dans le journal et l'audition pour l'émission de télé. C'était sans doute la gagnante du concours.

Polly essaya de s'imaginer à sa place, mais elle n'y arrivait pas. Lorsqu'on appela son nom, elle ne réagit pas tout de suite. C'était tellement bizarre de l'entendre dans ce contexte.

– Polly ! s'écria Mandy en lui faisant signe.

Elle s'avança en titubant. L'assistante plia la liste avant de la lui tendre en la félicitant :

– Beau travail.

Elle n'osa pas l'ouvrir. Les précédentes n'étaient pas pliées, si ? Si elle avait fait une tête de plus, les filles n'auraient pas pu lire par-dessus son épaule. Elle aurait eu un peu plus d'intimité. Elle entrouvrit la feuille pour jeter un coup d'œil à l'intérieur. Il y avait un nom, un rendez-vous. Juste un, mais c'était mieux que rien.

Serrant le papier contre sa poitrine, elle retourna s'asseoir. Lorsqu'elle le déplia à nouveau afin de l'étudier plus attentivement, il était tout froissé. Elle avait rendez-vous avec un certain Rod Meyers à quatorze heures dix en salle 4. Travaillait-il pour l'une des grandes agences dont les filles parlaient sans arrêt ?

Peut-être que Geneviève se trompait, peut-être que Rod Meyers avait décelé chez elle une qualité que tout le monde avait ratée.

Elle avait un rendez-vous. Un seul et unique rendez-vous, mais c'était mille fois mieux que rien.

Contre toute attente, Ama avait les larmes aux yeux au moment des adieux. Surtout quand elle dit au revoir à Maureen. Et même à Carly. Elle s'efforça de ne pas le montrer. Elle promit à sa compagne de tente de rester en contact, et elle était sincère. Du moment qu'elle n'était pas sortie avec Noah, elle pouvait draguer tous les autres, ça ne la dérangeait pas.

Noah l'embrassa devant tout le monde. En voyant Maureen sourire, Ama rougit.

– Envoie-moi un mail ce soir en arrivant chez toi, lui glissa Noah.

Elle frissonna en sentant son souffle dans son oreille.

– D'accord, promit-elle.

Dans l'avion, Ama se détendit, tout au bonheur de rentrer à la maison. Elle s'enfonça dans son fauteuil, alanguie par une douce fatigue, en pensant à ses parents et à Bob. À sa sœur Esi. Ainsi qu'à Jo et Polly.

Elle baissa les yeux, admirant ses cuisses musclées par la marche, puis examina ses pieds. Alors qu'elle avait eu tellement hâte de les retrouver, ses délicates ballerines lui paraissaient soudain trop légères et fragiles.

Mue par un élan incompréhensible, elle se leva, fouilla dans le compartiment à bagages et en tira ses chaussures de randonnée. Et elle les mit.

Elle arpenta l'allée ainsi chaussée, incapable de tenir en place. Elle brûlait d'impatience de parler de Noah. Elle avait envie de parler de sa descente en rappel, de Carly, de Maureen et de la vue qui s'offrait à elle du haut de la falaise. Et de Noah.

Elle avait prévu de téléphoner à Grace en arrivant chez elle, mais en réalité ce n'était pas à elle qu'elle avait envie de se confier. Son amie verrait d'un mauvais œil son aventure avec Noah. Elle n'avait pas une très haute opinion des filles qui sortaient avec des garçons.

– J'ai remarqué qu'elles ont souvent de moins bonnes notes que les autres, avait-elle décrété l'an dernier.

Ama secoua la tête. Non, c'était Jo et Polly qu'elle avait envie d'appeler.

Jo finit par joindre sa mère sur son portable pour lui annoncer qu'elle ne reviendrait pas sur la côte.

– Papa est d'accord pour que je reste. De toute façon, les vacances sont bientôt terminées.

– Et ton travail ? s'inquiéta sa mère qui venait de quitter Baltimore en voiture.

– C'est fini.

– Ah, bon ?

Par la fenêtre de sa chambre, Jo regardait son père arracher les mauvaises herbes avec des gants en caoutchouc à fleurs.

Elle n'avait pas envie de cacher quoi que ce soit à sa mère.

– Je peux te dire un truc, maman ?

– Évidemment.

– Je me suis fait virer.

– Oh, non...

– Si. J'ai renversé un plateau chargé de vin et de jus de tomate sur des clients.

– Jo !

– Les verres se sont brisés en mille morceaux, il y en avait partout.

– Oh, non...

– Si. En plus, à la table, il y avait une femme enceinte qui portait une robe blanche.

Sa mère laissa échapper un petit bruit bizarre. Jo mit un instant à comprendre qu'elle riait. C'était un bruit agréable à l'oreille.

Jo pouffa aussi.

– Même toi, tu n'aurais pas pu ravoir sa robe.

Elle décida de ne pas lui expliquer qu'Effie l'avait poussée, ni pour quelle raison. C'était une histoire moins drôle à réserver pour un autre moment.

Leur rire, comme un bouton de rose, était ravissant mais éphémère. Le silence retomba bientôt.

– Je peux te dire un truc, moi aussi ? demanda sa mère.

– Vas-y.

– Je vais visiter un appartement à Bethesda vendredi.

– Oui, papa m'a dit.

– C'est vrai ?

– Mm, confirma Jo. Il a dit qu'en principe, c'était la femme qui gardait la maison et l'homme qui s'installait ailleurs, mais que vous préfériez faire le contraire.

– Tu vivras une semaine sur deux avec moi. Ce sera aussi ton appartement.

– Je sais, il m'a expliqué.

– Ce n'est pas définitif. Mais, pour le moment, je me vois mieux dans un logement plus petit, plus facile à entretenir.

Jo se contenta de hocher la tête. Par la fenêtre, elle voyait son père rempoter les azalées en se renversant la moitié du terreau sur les pieds. Malgré ses efforts, des herbes folles avaient envahi les lieux, la pelouse était moins nette que d'habitude. Il avait sans doute décidé de se passer des services du jardinier.

– Et puis… je ne voulais pas rester dans une maison remplie de souvenirs, ajouta sa mère.

Jo plaqua sa main contre la vitre.

– Je comprends.

Elle revit sa mère, à genoux dans la chambre de Finn, en train de décaper la moquette, à peine une semaine après sa mort.

Polly monta dans sa chambre d'hôtel. Sa mère n'y était pas.

Elle se brossa les cheveux et les dents. Sa jupe de patineuse la grattait, mais elle pensait qu'il valait mieux la garder pour le rendez-vous.

À deux heures, elle descendit attendre devant la salle 4. Lorsque son tour arriva, elle tendit une main moite et tremblante à M. Meyers.

– Vous êtes..., fit-il en consultant sa liste.

– Polly. Polly Winchell.

– Bien, asseyez-vous donc.

Il lui adressa un sourire d'un blanc éblouissant.

– D'accord.

Elle s'assit bien droite sur sa chaise.

– Allez-y, Polly. Regardez-moi en souriant.

Il se pencha légèrement en avant pour l'examiner de plus près.

Mal à l'aise, Polly esquissa un sourire. La conversation de Geneviève avec sa collègue lui revint en mémoire. Aussi s'efforça-t-elle de ne pas découvrir ses dents.

– Souriez un peu plus franchement, s'il vous plaît, insista M. Meyers.

Mais Polly n'avait pas envie. Elle se forçait tellement que son sourire devait davantage ressembler à une grimace.

Il hocha la tête.

– Je crois que je peux vous aider, Polly.

– Ah, oui ?

– Tout à fait. Savez-vous quel est mon métier ?

– Vous n'êtes pas...

– Je suis orthodontiste. L'un des meilleurs de la profession. Je me suis occupé de nombreuses célébrités que vous connaissez sûrement. Je ne peux cependant les nommer, c'est confidentiel. Personne ne naît avec des dents parfaites, mais tout peut s'arranger. Même dans les cas les plus difficiles.

Polly fixa sa bouche. Il avait de grandes dents bien carrées et elle ne comprenait rien à ce qu'il racontait... C'était une sorte d'agent pour les dents, c'est ça ? Elle n'aurait jamais soupçonné que ça existait.

– Vous travaillez pour une grande agence ? s'enquit-elle.

Il éclata de rire.

– Non, mais j'ai de nombreuses relations. Mon intervention peut vous aider à trouver un agent, Polly. C'est pour cela que je tenais à vous rencontrer.

Il sortit son stylo pour écrire.

– Je vois que vous habitez...

– Donc vous n'êtes pas agent...

– Non.

– Vous êtes dentiste.

– Orthodontiste.

– Ah...

– L'un des meilleurs. Je suis très connu dans la profession...

– Et vous vouliez me voir parce que...

– Parce que je pense pouvoir vous aider.

– Parce que j'ai les dents du bonheur, c'est ça ? demanda Polly d'une toute petite voix.

– Exactement, un cas assez délicat. Vous avez les dents disjointes et mal alignées. Ce qui ne passerait pas du tout devant l'objectif. Il faut arranger ça si vous voulez réussir.

– Et vous pouvez vous en charger ?

– Oui, tout à fait. Aux grands maux, les grands remèdes. Nous devrons vous casser la mâchoire pour la remodeler, de cette façon, nous pourrons corriger vos défauts. Cela changera radicalement la forme de votre visage.

Polly était sous le choc. Elle avait beau entendre ce qu'il lui disait, les mots n'arrivaient pas jusqu'au cerveau.

– Grâce à moi, vous pourriez revenir ici l'an prochain et remporter le concours.

Il ponctua sa phrase d'un hochement de tête assuré. Puis réfléchit un instant avant de reprendre :

– Enfin, disons dans deux ans, plutôt.

Polly le dévisagea, hébétée.

– Vous voulez me briser la mâchoire ?

– Je sais que ça paraît radical, mais...

Elle se leva.

– Au revoir, monsieur.

– Prenez au moins ma carte.

– Non merci.

Par chance, la salle 8 était déserte. Polly referma la porte derrière elle et s'assit dans un coin, le menton sur les genoux. Elle resta un moment à fixer le vide avant de laisser libre cours à ses larmes. Elle dut pleurer un bon moment, mais il n'y avait ni horloge ni fenêtre dans la pièce.

Lorsqu'elle réussit à s'arrêter, elle traversa les couloirs

et les halls comme un zombie pour regagner sa chambre. Dia n'était toujours pas là, ce qui valait peut-être mieux.

Polly se jeta à plat ventre sur le lit. Le tissu synthétique était aussi désagréable que celui de sa jupe de patineuse. Elle repensa à l'altercation entre Geneviève et sa mère. Elle se revit titubant sur l'estrade avec ses talons hauts. Le couvre-lit absorbait ses larmes au fur et à mesure, ne laissant aucune trace de ses pleurs.

Elle laissa échapper un hoquet qui, bizarrement, ressemblait davantage à un éclat de rire. Sa poitrine se soulevait par saccades. Elle mit un instant à réaliser que ce n'était pas des sanglots. Elle revit les dents de Rod Meyers. Elles étaient trop drôles.

« C'est pas vrai, je ris ! » Elle prit un mouchoir sur la table de nuit pour se moucher et rit tout en séchant ses larmes.

Elle se rallongea, cette fois sur le dos, fixant le plafond qui ressemblait à du fromage de chèvre. Il y avait une bestiole morte dans le luminaïre.

– Qu'est-ce qui m'a pris ? s'écria-t-elle tout haut.

Elle inspira profondément avant de se redresser. Elle avait l'impression de sortir d'un rêve.

Elle se rendit dans la salle de bains, se débarrassa de cette horrible jupe, puis passa rapidement sous la douche pour ôter l'épaisse couche de maquillage et de laque. Elle regarda l'eau qui s'écoulait en ayant l'impression d'enlever un costume, de quitter un personnage qu'elle avait joué trop longtemps. Elle enfila avec plaisir ses vêtements tout doux, à elle.

L'esprit plus clair, elle descendit par l'ascenseur et traversa le hall d'entrée. Il lui restait une heure avant de rejoindre sa mère et de reprendre le train.

Quel bonheur de retrouver ses chaussures plates et confortables. Elle avait envie de marcher. Elle remonta la 45e Rue, puis prit la 5e Avenue, en prenant soin de mémoriser le trajet.

Elle voyait tout défiler autour d'elle sans rien regarder en particulier. Un flot de couleurs, une multitude de visages, l'éclat des bâtiments de verre et des voitures. Les sons se mêlaient en un brouhaha confus à ses oreilles. Tout lui semblait si grand, immense. Elle leva les yeux vers les gratte-ciel qui chatouillaient les nuages.

Elle avait l'étrange impression d'avoir vécu dans un tunnel, qui s'assombrissait, se rétrécissait de jour en jour. Et soudain, elle en sortait et redécouvrait le monde, toujours aussi vaste. Elle en faisait à nouveau partie.

« Qu'est-ce que j'ai fabriqué pendant tout ce temps ? Qu'est-ce que je faisais toute seule dans mon coin ? »

Elle prit une décision : elle ne serait jamais mannequin. Jamais au grand jamais. Même si elle ressemblait à sa grand-mère. Elle ne serait jamais assez grande, jamais assez plate, jamais assez lisse. Elle ne pouvait pas aller contre sa nature. Il fallait regarder la réalité en face.

Elle murmura ces derniers mots. La réalité est certes capricieuse, indomptable, mais infinie et pleine de ressources. Quel soulagement de l'accepter enfin.

CHAPITRE 24

Depuis que Polly et sa mère étaient rentrées de New York, Dia n'était pas allée à l'atelier. Quand Polly partait le matin pour son premier baby-sitting de la journée, sa mère dormait encore et, lorsqu'elle revenait, elle était là, affalée devant la télé ou simplement assise sur le perron, les yeux dans le vide.

Au début, c'était comme un rêve devenu réalité. Polly avait toujours voulu avoir une mère au foyer. Une vraie maman qui lui fasse à manger le midi. Mais au bout de trois jours, elle était beaucoup moins enthousiaste. Dia ne lui préparait pas de bons petits plats, elle ne louait pas de DVD à regarder avec elle. Elle traînait dans la maison toute la journée.

– Jo a appelé, lui annonça-t-elle un soir, toute contente.

Elle avait bien remarqué que Jo ne téléphonait plus très souvent. Dia était plus attentive à ce genre de détail que sa fille ne le pensait.

– Elle a dit qu'elle était rentrée. Faut que tu la rappelles.

Polly ne savait quoi penser. Jo avait-elle réellement

envie qu'elle la rappelle ? Et si elle lui téléphonait, quelle Jo lui répondrait ? Celle qui l'avait jetée dehors ou celle qui implorait son pardon ? Elle n'avait pas tellement apprécié que Jo la rejette, mais elle n'avait guère plus envie de devoir l'absoudre parce qu'elle se sentait coupable.

Le lendemain, lorsque Polly revint de chez les Rollins, en milieu de journée, Dia était couchée sur le canapé.

– Ama est passée, l'informa-t-elle.

– C'est vrai ? Elle est rentrée ?

– Elle vient d'arriver. Elle veut te voir. Elle avait l'air en pleine forme.

– Ah, bon ? fit Polly, le cœur battant.

– Oui, vas-y, appelle-la.

Polly ne décrocha pas son téléphone. Elle était contente qu'Ama ait pensé à elle, mais elle ne voulait pas être déçue.

Elle se tourna vers sa mère.

– Ça va ?

Dia haussa les épaules.

– Juste un peu fatiguée.

Polly avait envie de lui demander pourquoi elle restait là alors que, depuis quatorze ans, elle passait toutes ses journées à l'atelier, mais elle n'osait pas.

– J'ai un autre baby-sitting cet après-midi, annonça-t-elle, je repars dans cinq minutes.

Peut-être que Dia aurait aimé qu'elle lui tienne compagnie. Peut-être qu'elle se sentait seule. Mais Polly ne savait pas comment formuler la question.

– OK…

Dia ne bougea pas de son canapé tandis qu'elle se

changeait (Nicky avait renversé un yaourt sur son T-shirt) et buvait un verre d'eau.

– N'oublie pas d'appeler tes amies, lui cria-t-elle avant qu'elle ne referme la porte.

Il faisait nuit lorsque Polly sortit de chez les Thomas. Ces deux baby-sittings à la suite l'avaient épuisée mais, en chemin, elle s'arrêta chez le pâtissier préféré de sa mère pour acheter deux éclairs au chocolat. C'était agréable de savoir qu'elle trouverait quelqu'un à la maison en rentrant.

En approchant, elle vit de la lumière dans la chambre de sa mère. Elles pourraient peut-être regarder un peu la télé ensemble. Se blottir sous son couvre-lit en chenille pour se moquer des chanteurs pathétiques qui sévissaient dans les émissions de télé-réalité. Dia adorait ça.

– Lâche-toi, sois un peu plus critique ! l'avait-elle encouragée la dernière fois.

Mais en général, elle était trop fatiguée. En rentrant de son atelier, elle s'endormait sur le canapé ou filait directement se coucher. Ces derniers jours, elle n'avait rien fait d'autre que dormir. Elle devait avoir rattrapé son sommeil en retard, maintenant.

– Dia ? lança Polly en entrant.

La maison paraissait déserte. Elle posa son sac dans l'entrée. Même dans le noir, elle remarqua la poussière et le bazar qui s'étaient accumulés. C'était encore pire que d'habitude.

– Hé, Dia !

Elle ne dormait pas déjà, quand même ?

Polly monta les marches quatre à quatre, ses éclairs à la main. Sa mère aimait bien manger au lit.

– Dia ?

Pourquoi ne répondait-elle pas ? Le souffle court, elle poussa la porte.

La télé braillait toute seule dans son coin. Deux bougies avaient dégouliné sur la commode. La lumière était allumée et Dia était recroquevillée dans son fauteuil. Il y avait du vin et un verre sur la table, une bouteille de vodka vide avait roulé par terre.

– Dia ?

Polly s'approcha de sa mère.

– Tu dors ? Je t'ai acheté un éclair au chocolat.

Dia ne remua pas, la tête renversée en arrière, la bouche entrouverte, les yeux fermés.

– Hé, ça va ?

Elle posa sa main sur son bras. Aucune réaction.

– Dia, réveille-toi !

Mais Dia restait inerte. Pas même un battement de cils. Le cœur de Polly s'emballa. Est-ce qu'elle respirait au moins ? Pourquoi avait-elle la tête comme ça ?

– Dia ? Dia, réveille-toi ! C'est moi, Polly ! Tu dors ? Pourquoi tu ne dis rien ?

Elle l'avait prise par les épaules et la secouait frénétiquement, le cœur battant à tout rompre. Qu'est-ce qu'elle avait ? Pourquoi ne se réveillait-elle pas ?

– Dia, lève-toi ! Lève-toi ! supplia-t-elle, des sanglots dans la voix. Allez, quoi !

Elle lâcha les gâteaux pour prendre le visage de sa mère entre ses mains. Elle respirait encore, hein ?

Polly ne savait pas quoi faire. Appeler les urgences ?

Les pompiers ? Le père de Jo était médecin... il saurait quoi faire.

Elle se rua sur le téléphone, écrasant les éclairs au chocolat au passage. D'un doigt tremblant, elle composa le numéro de Jo, mais personne ne répondit.

Elle se cramponnait au téléphone, désespérée. Elle appela Ama. Ses parents n'étaient pas médecins, mais Ama... c'était Ama.

– Allô ?

Polly ravala ses larmes.

– Ama ?

– Polly ?

– Oui, hoqueta-t-elle.

– Qu'est-ce qui se passe ? Ça va ?

– Ma mère... elle... elle ne se réveille pas. Je ne sais pas quoi faire.

– Oh, mon Dieu ! Tu as appelé un médecin ?

– Non, j'ai essayé chez Jo. Son père... mais...

Polly tenta de reprendre son souffle.

– Tu crois que j'appelle les urgences ?

– Elle respire ?

– Je crois.

– Mais elle est inconsciente ?

– Oui.

– Fais le 911, lui conseilla Ama.

– Elle va m'en vouloir.

– Qu'est-ce que tu racontes ? Elle est dans les pommes.

– T'as raison.

– J'arrive, OK ?

– D'accord.

– Appelle le 911.

– D'accord.

– Polly, raccroche, puis compose le 911.

Polly raccrocha et fit le 911. Elle leur expliqua la situation, reposa le combiné puis s'agenouilla aux pieds de sa mère et attendit.

Polly, Ama et Jo étaient assises côte à côte dans la salle d'attente de l'hôpital. Le père d'Ama était parti chercher quelque chose à boire. Celui de Jo était dans la salle d'examen avec le médecin urgentiste. Comme il était de garde à l'hôpital ce soir-là, il était descendu dès que Jo l'avait appelé.

Le docteur Napoli était déjà venu une fois pour rassurer Polly et lui dire que sa mère pourrait sûrement rentrer chez elle le soir même. Il n'avait pas précisé de quoi elle souffrait, mais Polly s'en doutait.

Une ou deux heures plus tard, malgré l'énorme croix rouge qu'elle apercevait à travers la fenêtre, toute sensation d'urgence avait quitté Polly.

– Vous n'êtes pas obligées de rester, assura-t-elle à ses amies.

Mais elles refusèrent de la quitter.

M. Botsio leur rapporta des canettes de soda et des chips, puis alla déplacer sa voiture. Jo et Ama durent pousser Polly à manger un peu.

– Tu es toute maigre, affirma Jo. On dirait que tu n'as rien avalé de tout l'été.

Elle n'avait pas du tout l'air impressionnée, plutôt inquiète.

Polly baissa les yeux pour essayer d'admirer ce qu'elle voyait, mais elle n'y arrivait pas.

Maintenant qu'elle se retrouvait avec ses amies, elle ne voyait plus pourquoi elle était si fière d'avoir perdu du poids. Au contraire, elle se sentait minuscule, ridicule. Jo et Ama avaient changé pendant les vacances. Jo avait grandi, Ama s'était musclée. Polly se sentait soudain déphasée, comme si elle avait fait marche arrière alors que ses amies avaient filé droit devant. Elle n'avait pas envie d'être à la traîne. Elle voulait avancer avec elles.

Pour s'occuper, Jo leur passait la musique de son IPod et Ama dessinait dans le dos de Polly, à travers son T-shirt. Elles adoraient ce jeu autrefois : il fallait deviner ce que l'autre avait tracé, sauf que là Polly ne jouait pas.

Elle se détendait, simplement. Elle avait l'impression de retrouver ses amies après un long voyage. Elle avait beau avoir passé tout l'été à Bethesda, elle n'était plus la même qu'en juin. Elles avaient toutes changé.

Polly posa les pieds sur la chaise d'en face.

– Hé, Ama, je peux te poser une question ?

– Ouais ?

– Pourquoi t'as gardé tes énormes chaussures de marche ?

Enfin, le médecin urgentiste, une femme d'une trentaine d'années, auburn avec des taches de rousseur, s'approcha, suivie du docteur Napoli. Celui-ci rassura à nouveau Polly et la serra dans ses bras avant de remonter dans son service. L'autre médecin se présenta comme le docteur Marks et s'assit à côté de Polly sur une chaise en plastique.

– Ta maman va mieux.

Polly hocha la tête.

Le docteur Marks jeta un regard à Jo et Ama, puis demanda :

– On peut discuter un peu ?

– Bien sûr.

– Ce sont tes amies ?

Polly opina, imitée par les deux filles.

– On peut vous laisser si vous voulez, proposa Ama.

– Non, je préfère qu'elles restent, affirma Polly.

Le docteur Marks remonta les manches de sa blouse verte.

– Ta mère a eu un malaise parce qu'elle avait trop bu. Ça lui est déjà arrivé ?

– D'habitude, j'arrive toujours à la réveiller.

– Vous vivez seules, toutes les deux ?

Polly opina encore.

– Et ton père… tu le vois de temps en temps ?

Cette fois, Polly secoua la tête.

– Je pense que ta mère devrait suivre une cure de désintoxication d'un mois. Il y a un excellent établissement en Virginie, à une heure d'ici.

Nouveau hochement de tête.

– Tu as de la famille ? Quelqu'un qui pourrait venir habiter avec toi ? Ou un endroit où tu pourrais passer ces quelques semaines ?

Ama intervint alors :

– Oui, elle pourrait vivre chez moi.

– Ou chez moi, enchaîna Jo.

– En effet, c'est ce que le docteur Napoli m'a dit, confirma le médecin. Parfait, dans ce cas.

Elle se tourna vers Polly avec un sourire encourageant.

– Ta mère va aller mieux.

– Vous croyez ?

– Lorsqu'elle s'est réveillée, elle m'a dit qu'elle avait une raison, une très bonne raison de se soigner.

– Laquelle ? demanda Polly.

– Toi.

Le saule est l'arbre des rêves.

CHAPITRE 25

Ce soir-là, Jo avait mal aux yeux, aussi ôta-t-elle ses lentilles pour mettre ses vieilles lunettes à monture d'écaille. Elle avait laissé les plus récentes dans la maison de vacances.

Elle sortit son violon du placard, ouvrit l'étui et le contempla, aux côtés de sa mentonnière et de sa petite boîte de colophane. Elle caressa le bois lisse du bout des doigts, effleura une corde, mais ne joua pas.

Qu'aurait dit une fille comme Bryn en la voyant avec ses vieilles lunettes sur le nez, agenouillée devant son violon ? Elle l'aurait sûrement trouvée bizarre.

Heureusement, Ama et Polly avaient toujours aimé l'écouter jouer. Elles adoraient lorsque, autrefois, elle jouait les chansons qui passaient à la radio. Et elles ne manquaient jamais son récital, deux fois par an.

Jo ne joua pas de violon ce soir-là, mais elle le glissa sous son lit avant de se coucher.

Quand elle s'endormit, ce fut pour rêver de leurs trois arbres. Ils étaient dans leurs petits pots en plastique, puis elles les avaient replantés dans les bois, au pied de

Pony Hill. Elle revit ses mains pleines de terre, ses ongles noirs.

Elle refoulait souvent ce souvenir lorsqu'elle était éveillée. Des années après, même si elle savait que cela n'avait aucun rapport, elle associait la plantation de leurs saules et les pelletées de terre jetées sur le cercueil de Finn.

Mais là, dans son rêve, la terre ne lui faisait pas peur. Elle imaginait les racines de son arbre qui s'enfonçaient dans le sol, s'entortillant avec celles de ses voisins, les saules de Polly et d'Ama. Elle les voyait s'étirer, pousser, de plus en plus loin, de plus en plus profond, passant sous tous les endroits qu'elle connaissait, sous l'école élémentaire, sous le drugstore, en dessous de chez elle, de chez Ama, de chez Polly. Comme s'il existait un monde parallèle sous le leur et que les racines de leurs arbres faisaient le lien entre les fondations de leurs maisons, les bâtiments de la ville, les racines des fleurs, des buissons et des arbres, communiant même avec les vers de terre et toutes les bestioles.

Les racines s'étendaient jusqu'au cimetière, s'enroulaient autour du cercueil de Finn et lui tenaient compagnie. L'image aurait pu être terrifiante, mais pas du tout, au contraire.

Puis, dans son rêve, elle remonta progressivement vers la surface de la terre, leva les yeux vers le ciel, les branches, les feuilles et elle sut que Finn avait également trouvé de la compagnie là-haut.

Le soir suivant, Polly était assise dans la pénombre de la cuisine, devant un verre d'eau. Il n'y avait pas un bruit dans la maison, sauf sa mère qui préparait sa valise, là-haut. Elle devait partir pour la Virginie le lendemain. Polly avait déjà fait son sac et M. Botsio était passé le prendre. Il avait assuré à Dia qu'ils seraient heureux d'accueillir sa fille aussi longtemps que nécessaire.

Polly réfléchissait, les genoux repliés contre la poitrine. Elle ne détourna pas les yeux lorsque sa mère vint inspecter le contenu du placard. Dia examina les bouteilles d'alcool et de limonade, puis referma la porte sans rien prendre.

– Tu veux un gâteau ? lui proposa sa fille.

Jo lui avait apporté des cookies au chocolat faits maison.

– Oui, merci.

En regardant sa mère grignoter, Polly sentit qu'elle pouvait lui poser des questions, maintenant.

– Hé, Dia ?

– Oui...

– Je peux te demander quelque chose ?

Sa mère ouvrit le frigo pour se servir un verre de lait.

– Mm, murmura-t-elle d'un ton méfiant.

Elle avait tout à fait le droit de se méfier.

– Où sont passés tous tes trucs ?

Sa mère lui jeta un regard, hésitant à faire celle qui n'avait pas compris. Elle vit bien que ça ne servait à rien.

– À l'atelier, tu veux dire ? Mes œuvres ?

– Oui.

– Les anciennes, je les ai soit vendues soit rangées.

– Et les plus récentes ?

Sa mère s'appuya contre la porte en alu du réfrigérateur, lui tournant le dos.

– Tu n'as rien fait de nouveau ? devina Polly.

– Pas grand-chose. Depuis un moment.

– Pourquoi ?

Lorsqu'elle la regarda, Dia avait l'air triste, pas en colère.

– J'ai perdu l'inspiration, j'imagine, expliqua-t-elle. J'aimais beaucoup mes arbres en matériaux recyclés, je trouvais que c'était beau, que ça avait un sens et les acheteurs aussi. Puis je m'en suis lassée, ça ne me plaisait plus. J'ai essayé de faire autre chose, mais ça n'intéressait personne. On me réduisait à ces arbres alors que ce n'était plus moi.

– Et pourquoi ils ne te plaisaient plus ?

Sa mère réfléchit un instant.

– Parce que… j'avais l'impression que c'était manquer de respect aux vrais arbres.

Polly hocha la tête. Elle comprenait. Elle avait envie de lui demander pourquoi elle avait continué à se rendre à l'atelier. Mais elle connaissait déjà la réponse. Sa mère lui répondrait qu'elle allait là-bas pour tenter de retrouver l'inspiration. C'était vrai, sans doute, mais Polly savait qu'il y avait également une autre raison.

Polly avait toujours voulu être plus proche de sa mère, elle lui réclamait toujours plus d'attention, d'amour, de présence. Elle était toujours déçue, toujours insatisfaite. Et le fait d'être perpétuellement insatisfaite la rendait encore plus avide. Elle jouait les bébés dans l'espoir que Dia se comporterait enfin en mère, sans aucun succès.

Elle savait que sa mère se rendait à l'atelier pour se cacher. Pour lui échapper.

– Ça doit être difficile à comprendre pour toi...

Polly acquiesça. Oui et non à la fois.

Sa mère détourna à nouveau la tête.

– Ne me juge pas trop vite, attends d'être plus grande, de connaître davantage la vie.

– J'essaierai, promit-elle.

Dia s'assit en face d'elle.

– Tu es angoissée pour demain ?

– Un peu, mais un peu excitée également, si bizarre que cela puisse paraître. Je suis prête à changer.

– J'espère que ça va marcher.

– Je vais faire tout mon possible, Pollyjolie.

– Hé, Dia ?

– Oui...

– Je crois que j'ai besoin d'un appareil dentaire.

Dia la dévisagea.

– Mm, tu as sans doute raison.

– Je pourrais aller chez l'orthodontiste de Jo, mais même avec mes baby-sittings, je ne gagnerai jamais assez...

– Ne t'en fais pas pour ça, la rassura sa mère.

– Ah, bon ?

Dia n'avait pourtant pas vendu de sculptures depuis longtemps. Maintenant que Polly savait pourquoi, leur situation financière l'angoissait encore plus.

– Tu as de l'argent de côté ?

– Pas moi, toi.

– Non, j'ai tout dépensé pour ce fichu concours de mannequins.

– Tu as plein d'argent à la banque, lui annonça Dia.

Elle se pencha et prit une gorgée de son verre d'eau.

– Comment ça ? Quelle banque ?

– Mon père était dans les affaires. Tu ne le sais sûrement pas parce que je ne te l'ai pas dit, mais il travaillait pour une grande marque de voitures, il avait un poste important. Il est mort il y a deux ans. Comme il me détestait et qu'il n'avait pas d'autre enfant, il t'a tout légué.

– À moi ?

– Oui, sa fortune et sa grande villa dans le Michigan.

Polly n'en revenait pas.

– Il m'a laissé sa maison ? Il ne me connaissait même pas.

– Si, il t'a vue une fois, quand tu étais bébé.

– C'est vrai ?

– Oui, il t'a trouvée charmante. C'est le mot qu'il a employé.

– Nan ?

– Si !

– Waouh !

– Mm. Il a affirmé que tu étais le seul truc que j'aie réussi dans ma vie. Évidemment, il ne disait pas ça quand je suis tombée enceinte à dix-neuf ans...

– Waouh, répéta Polly.

Dia posa son menton dans sa paume. Elle avait les joues roses, ça la rajeunissait.

– Y a une piscine ? demanda Polly.

– Quoi ?

– La maison, dans le Michigan, elle a une piscine ?

Dia hocha la tête, se retenant de rire.

– Je pourrais y aller ?

– Pas avec moi, en tout cas. Je déteste cette baraque. On ferait mieux de la vendre. On pourrait s'en occuper quand je reviendrai.

– Pourquoi tu ne m'as jamais parlé de tout ça avant ?

Dia haussa les épaules.

– C'était compliqué. Je voulais attendre que tu sois plus grande.

– Alors pourquoi tu me le dis maintenant ? insista Polly.

Sa mère lui tapota le poignet.

– Parce que tu as grandi.

Ama était contente d'être rentrée. Contente de retrouver les bons petits plats de sa mère et de se faire chouchouter.

– Nous sommes fiers de toi, avait déclaré solennellement son père au petit déjeuner le lendemain de son retour.

– Pourquoi ?

Elle ne lui avait pas encore dit qu'elle avait eu un A.

– Parce que tu es restée jusqu'à la fin au lieu d'abandonner.

Les deux premières nuits, Ama laissa Bob dormir dans sa chambre comme le faisait Esi avec elle lorsqu'elle revenait d'un long voyage. Pour l'endormir, elle inventait des histoires de randonnée, d'escalade, de rappel. Elle lui décrivait les paysages de montagne. Elle lui disait comme c'était beau une rivière vue d'en haut. Elle lui raconta même la fois où elle avait dévalé la colline dans son sac de couchage, s'était fait attaquer par des fourmis rouges et avait erré toute la journée dans la forêt. Mais, dans sa bouche, c'était devenu une formidable aventure, et non une terrible épreuve. Voilà le souvenir qu'elle en garderait à jamais.

– Quand tu seras au lycée, chuchota-t-elle à son petit frère dans le noir, il ne faudra pas que tu passes toutes tes journées à ton bureau ou à la bibliothèque, tu sais. J'y veillerai. Tu partiras en randonnée, comme moi. Ça ne te plaira peut-être pas sur le coup, mais je te promets que, ensuite, tu seras super content.

Une fois que sa mère fut remontée au premier pour terminer ses bagages, Polly s'aperçut qu'elle avait faim. Le garde-manger était entrouvert, la lumière allumée guidait son regard vers les choses qu'elle aimait : Miel Pops, crackers, Nutella – miam, à la cuillère, directement dans le pot. Si l'on est vraiment ce qu'on mange, Polly se trouvait dans ce garde-manger.

Elle s'imagina dans toutes ces bonnes choses qu'elle n'avait pas mangées. Elle était dans ce paquet de céréales, dans ce pot de beurre de cacahuètes, dans le tiroir à pain, dans le frigo, flottant dans une bouteille de lait. Dans l'assiette de cookies de Jo, posée sur le plan de travail.

Elle n'avait plus envie d'être éparpillée dans la cuisine. Elle n'avait plus envie d'être plate, expédiée à l'autre bout du monde. Elle voulait être entourée de ses amies. Elle voulait se retrouver, pleine et entière.

CHAPITRE 26

Quatre jours avant la rentrée, en se réveillant, Ama tourna la tête vers le lit voisin du sien. Esi y dormait autrefois mais, depuis le début de la semaine, c'était Polly qui l'occupait. Comme d'habitude, elle s'était réveillée tôt et avait rabattu la couette. Elle devait être en train de jouer avec Bob dans la cuisine. Il était ravi de sa présence.

Ama était tout excitée parce qu'elles avaient prévu d'aller acheter leurs fournitures scolaires. D'accord, cette passion pour les stylos et les cahiers était des plus étranges, mais c'était rassurant de savoir que Polly, qui n'était pourtant pas une bosseuse acharnée, la partageait. En regardant le calendrier, Ama pensa à autre chose.

Elle débarqua dans la cuisine en chemise de nuit et chaussettes. Polly et Bob jouaient au Uno.

– Tu sais quel jour on est ? demanda Ama.

Son amie leva la tête de ses cartes.

– Hum… non.

– Le 1er septembre.

Polly comprit tout de suite où elle voulait en venir.

Ama fila se préparer et elle la rejoignit à la fin de la partie.

– Qu'est-ce qu'on fait ?

– On devrait l'appeler, non ?

– Oui…

– Mais il est tôt…, objecta Ama.

Polly mit ses chaussettes et ses chaussures, Ama l'imita. Maintenant qu'elles avaient cela en tête, elles ne pouvaient penser à rien d'autre.

– On n'a qu'à y aller directement, suggéra Polly.

– Oui, t'as raison.

En se couchant, Jo savait parfaitement ce qui l'attendait le lendemain. Elle se leva tôt pour se rendre au cimetière à pied. Cela faisait deux ans qu'elle n'y était pas allée. Aujourd'hui, elle se sentait prête. Elle s'assit par terre, dans l'herbe trempée de rosée. Elle regarda le soleil se lever et ses rayons filtrer à travers les feuillages.

Elle pensait à tout ce qu'il y avait sous terre mais, grâce à son rêve, ça ne l'effrayait plus comme autrefois.

Elle laissa remonter ses émotions. L'absence de Finn… Il lui manquait tellement. La séparation de ses parents. Son amitié avec Ama et Polly qui s'effilochait. Et alors qu'elle craignait d'être submergée, dévastée, elle découvrit qu'elle était capable de faire face. Elle ne se serait pas crue aussi forte.

Finn lui manquerait toujours. C'était une réalité, autant la regarder en face. Elle prit la décision de prononcer son nom au moins une fois par jour et de ne pas se dérober quand elle penserait à lui. Autant admettre qu'il lui manquait, l'accepter. Elle avait dépensé tant d'énergie à refouler tout souvenir, elle voulait stopper ce gâchis. Peut-être qu'elle pourrait aider sa mère à faire de même...

Quant à la séparation de ses parents, ce n'était pas si terrible. Avec son père, c'était comme s'ils se retrouvaient après s'être perdus de vue pendant une éternité. Ça lui redonnait espoir. La vie est pleine de surprises. Peut-être ses parents parviendraient-ils un jour à communiquer à nouveau. Sait-on jamais.

Ce qui l'ennuyait le plus, c'était ses amies. Elle n'avait pas été là pour Polly alors qu'elle avait besoin d'elle. Quant à Ama... elle n'avait pas été odieuse avec elle, mais elle avait perdu le contact, petit à petit.

Lorsqu'elles s'étaient retrouvées dans la salle d'attente des urgences, elle avait eu l'impression que leur vieille promesse les liait toujours. Mais il s'était passé tant de choses. Elle espérait qu'il n'était pas trop tard pour les convaincre que leur amitié n'avait rien perdu de sa force... Même sans jean magique, même sans écharpe. C'était la chose la plus importante qu'elle avait apprise cet été, et elle aurait aimé pouvoir la leur faire partager. Saurait-elle les aider à ranimer leur amitié ? Et si elles s'étaient tellement éloignées qu'il était impossible de faire machine arrière ?

Jo sentit une brise légère effleurer ses épaules, la déchargeant de son fardeau. Elle s'allongea sur le côté et colla son oreille contre terre. Elle avait l'impression d'entendre les racines des arbres pousser, s'entremêler.

Elle dut s'endormir car, lorsqu'elle rouvrit les yeux,

elle n'était plus seule. Elle resta un instant hébétée, sans comprendre où elle se trouvait ni ce qui se passait. Puis elle se redressa. Polly et Ama étaient apparues comme par magie devant elle.

Sauf qu'il n'y avait rien de surnaturel là-dedans, elles étaient bien là, en chair et en os. Elles avaient apporté des cadeaux. Ama lui montra une photo d'Halloween où Finn était déguisé en Han Solo et elles en Ewoks. Polly avait dessiné un arbre dont les racines et les branches s'entrelaçaient, formant des motifs aussi délicats qu'une toile d'araignée. Elles déposèrent avec précaution leurs offrandes sur la tombe de son frère.

Puis elles s'assirent à ses côtés, l'une à sa droite et l'autre à sa gauche.

Jo enfouit son visage dans ses mains et se mit à pleurer. Elles s'étaient souvenues. Elle n'avait pas eu besoin de le leur rappeler, de leur demander.

Ama lui passa un bras autour des épaules. Polly lui caressa la tête. Elle était bien entre elles, elle pouvait pleurer en paix.

Elle n'avait pas eu à leur montrer la voie. Elles l'avaient précédée.

Elles prirent le chemin habituel pour se rendre au drugstore. Elles n'avaient pas besoin de se parler. Elles marchaient bras dessus, bras dessous. C'était puéril, mais c'était trop bon.

Elles avaient beau avoir grandi, être plus riches de toutes leurs aventures, leurs déceptions et leurs belles idées, elles achetèrent néanmoins leur sempiternel soda bleu accompagné des cochonneries qui allaient avec.

Elles marchèrent sur les pas des petites filles qu'elles avaient été pour grimper au sommet de Pony Hill et dévaler la pente à toute allure, trébuchant et riant à perdre haleine, comme autrefois.

Elles pénétrèrent dans les bois à pas lents. Ama retenait son souffle. Il lui sembla que ses amies aussi.

Cela faisait plus de deux ans. Elle redoutait un peu ce qu'elles allaient découvrir. Et si les arbres étaient tout rabougris ? S'ils étaient morts, sans personne pour leur parler, les arroser, leur mettre de l'engrais ou leur jouer du violon ? Une angoisse, un suspense insoutenables l'étreignirent alors qu'elles s'enfonçaient dans la pénombre.

Il n'y avait plus d'arbustes. Elles scrutèrent l'endroit où leurs saules auraient dû se trouver, mais elles ne reconnaissaient plus rien. Où étaient-ils passés ?

– Regardez ! fit Polly.

– Ça ne peut pas être nos arbres, murmura Jo. Ils sont immenses.

– Si, regardez ! insista-t-elle.

Elles constatèrent effectivement que les troncs étaient parfaitement alignés, tous les trois côte à côte, on ne pouvait s'y tromper.

Ama s'approcha avec précaution, tout intimidée. Elle effleura l'écorce familière, qu'elle avait connue en miniature.

– Tu as raison. Ce sont nos arbres. Nos saules. J'en suis sûre. Vous avez vu les feuilles ?

Ama avait toujours fait ses devoirs avec plus de sérieux que ses amies.

Elle recula d'un pas, impressionnée. Jo et Polly l'imitèrent. Pendant un long moment, elles admirèrent le luxuriant feuillage vert grisé qui formait une voûte au-dessus de leurs têtes.

Ama s'étonna que les arbres aient grandi ensemble, en entrelaçant branches et rameaux dans le ciel. Elle imagina en miroir leurs racines entremêlées sous terre. Ils étaient ensemble, mais ils faisaient également partie de la vaste forêt autour d'eux.

Ils étaient forts, en bonne santé. Ils n'avaient qu'un but : grandir. Ils poussaient, poussaient, sans avoir besoin de quiconque pour s'occuper d'eux.

Sur le chemin du retour, même si personne ne disait rien, Ama savait. Elles avaient douté de leur amitié. Elles s'étaient posé tant de questions. Elles avaient cherché des symboles. Alors qu'elles avaient leurs arbres.

Elles ne pouvaient pas les enfiler. Elles ne pouvaient pas se les prêter. Ils n'étaient pas à la dernière mode. Mais ils avaient des racines. Ils étaient vivants.

*On a beau scier le saule
à la base, jamais il ne meurt
vraiment.*

Ann Brashares est née aux États-Unis. Elle passe son enfance dans le Maryland, avec ses trois frères, puis part étudier la philosophie à l'université de Columbia, à New York.

Pour financer ses études, elle travaille un an dans une maison d'édition. Finalement, le métier d'éditrice lui plaît tant qu'elle ne le quitte plus. Très proche des auteurs, elle acquiert une bonne expérience de l'écriture. En 2001, elle décide à son tour de s'y consacrer. C'est ainsi qu'est né *Quatre filles et un jean*, son premier roman.

Aujourd'hui, Ann Brashares vit à Brooklyn avec son mari et ses trois enfants.

Visitez son site (en anglais) : annbrashares.net

DU MÊME AUTEUR

Quatre filles et un jean
Le deuxième été
Le troisième été
Le dernier été
Quatre filles et un jean, l'Intégrale

Toi et moi à jamais

Le papier de cet ouvrage est composé de fibres naturelles renouvelables, recyclables et fabriquées à partir de bois provenant de forêts plantées et cultivées expressément pour la fabrication de la pâte à papier.

Mise en pages : Dominique Guillaumin

Loi n° 49-956 du 16 juillet 1949
sur les publications destinées à la jeunesse

ISBN 978-207-062842-1
Numéro d'édition: 170160

Achevé d'imprimer en mai 2010
sur les presses de Transcontinental
à Louiseville (Québec)
Imprimé au Canada
Dépôt légal : mai 2010

THE MAGIC OF MEETINGS

To Kathy
wishing you
the Best of the
Best (many)
the "Magic of
meetings"
work for
you
Richard

RICHARD DICKS

WOODLAND PUBLISHING
Pleasant Grove, UT

© 1997
Woodland Publishing
P.O. Box 160
Pleasant Grove, UT
84062